नये दौर का नया सिनेमा

नये दौर का नया सिनेमा

प्रियदर्शन

वाणी प्रकाशन

वाणी प्रकाशन
4695, 21-ए, दरियागंज, नयी दिल्ली 110 002
फ़ोन : +91 11 23273167 फ़ैक्स : +91 11 23275710

शाखाएँ
अशोक राजपथ, पटना 800 004, बिहार
कॉफ़ी हाउस कैम्पस, महात्मा गांधी मार्ग, इलाहाबाद 211 001, उत्तर प्रदेश
महात्मा गांधी अन्तरराष्ट्रीय हिन्दी विश्वविद्यालय, वर्धा 442 001, महाराष्ट्र
www.vaniprakashan.com
marketing@vaniprakashan.in
sales@vaniprakashan.in

Naye Daur Ka Naya Cinema
by Priyadarshan

ISBN : 978-93-5072-979-3
Cinema

प्रथम संस्करण 2015
द्वितीय संस्करण 2022

मूल्य : ₹ 295

आर.के. ऑफ़सेट, शाहदरा, दिल्ली-110 032 में मुद्रित

वाणी प्रकाशन का लोगो मक़बूल फ़िदा हुसेन की कूची से

भूमिका

हिन्दी के गम्भीर विमर्श में सिनेमा को अब तक सम्मानजनक स्थान हासिल नहीं है। खासकर मुख्यधारा की हिन्दी फिल्मों को गम्भीर लोग नाक-भौं सिकोड़कर देखते हैं। ये फिल्में बड़ी सतही होती हैं, ये भावुकता बेचती हैं, ये तीन घंटे के पलायन का सामान तैयार करती हैं, ये कई स्तरों पर अपसंस्कृति को बढ़ावा देती हैं—ये सारे इल्ज़ाम आम हैं। दुर्भाग्य से इनमें से बहुत सारे सच भी हैं। हिन्दी फिल्मों का बड़ा हिस्सा अपनी बनावट-बुनावट में, अपनी आसमानी फंतासी में, किसी संजीदा दर्शक के भीतर कोफ़्त भी पैदा कर सकता है।

लेकिन एक सच इससे भी बड़ा है। भारतीय समाज पर फिल्मों का बहुत गहरा असर है। कायदे से देखें तो फिल्मों ने मनोरंजन के दूसरे माध्यमों को लगभग अपदस्थ कर डाला है। चौबीस घण्टे चलने वाले टीवी के मनोरंजन वाले चैनल भी, ज्यादातर फिल्मों से या फिल्मी दुनिया में मिलने वाली सामग्री से चलते हैं। एक तरह से पूरी बीसवीं सदी में हमारे ओढ़ने-पहनने, बोलने-बतियाने के ढंग पर फिल्मों की छाया रही है। फिल्मों और फिल्मी गीतों से—कुन्दनलाल सहगल, अशोक कुमार और दिलीप कुमार से लेकर अमिताभ बच्चन, शाह रुख खान और सलमान खान तक, मधुबाला और वैजयन्ती माला से लेकर हेमा-रेखा और ऐश्वर्या-प्रियंका तक, रफी, मुकेश, किशोर, तलत, हेमन्त कुमार और महेन्द्र कपूर से लेकर लता-आशा और श्रेया घोषाल तक—फिल्मी हस्तियों से, उनके अभिनय से, उनके गायन से हमने रोना हँसना, मोहब्बत करना, रूठ जाना-मनाना, शिकायत करना, न करना—सबकुछ सीखा। जिस विधा का प्रभाव इतना गहरा हो, वह गम्भीर विमर्श से दूर खड़ी रह जाये, आलोचनात्मक विवेक से वंचित रहे, यह फिल्मों का भी दुर्भाग्य है, समाज का भी, उस आलोचक का तो निश्चय ही, जिसने फिल्मों को खोकर देश और समाज को समझने की एक कुन्जी खो दी।

बहरहाल, एक सच और है। पिछले दो दशकों में, मुख्यधारा का हिन्दी

सिनेमा—कम से कम अपने शिल्प और अपनी बुनावट में, और काफी कुछ अपने कथ्य में भी—बहुत दूर तक वाकई बदल गया है। पुराने दौर के सतही फिल्मांकन की जगह अब कहीं बारीक सिने-दृष्टि सक्रिय दिखाई पड़ती है जो सूक्ष्मताओं को लेकर काफी संवेदनशील है। इस दौर के कई फिल्मकारों ने लोकप्रियता और शास्त्रीयता को जोड़ने के कुछ गम्भीर और सफल प्रयत्न भी किए हैं। ये फिल्में कई बार काफी कुछ कहे जाने की जरूरत भी रेखांकित करती हैं।

इस किताब में मूलतः इसी दौर की फिल्मों की चर्चा है। यह चर्चा फिल्म समीक्षा की सपाट परिपाटी से अलग इन फिल्मों की मार्फत बन रहे समाज और इनसे निकल रहे सवालों की पड़ताल करती है। कई फिल्मों की तीखी आलोचना है, कुछ की तारीफ भी है, मगर इन टिप्पणियों का मक़सद एक विधा के तौर पर भारत में फिल्मों के विकास को समझना भी है और इन फिल्मों की सीमाओं का उल्लेख करना भी है। मुझे उम्मीद है, इन लेखों की मार्फत पाठक या दर्शक न सिर्फ इन फिल्मों को नयी आँख से देख पायेगा, बल्कि अपने आसपास के समाज को भी बेहतर ढंग से समझेगा और एक विधा के रूप में फिल्मों के प्रति कहीं ज्यादा संवेदनशील होगा।

अनुक्रम

ग्लोबल समय में सिनेमा

हमारे देश में उदारीकरण के प्रभावों की चर्चा अब तक मूलतः आर्थिक और कुछ हद तक सामाजिक सन्दर्भों में होती रही है। इसके सांस्कृतिक प्रभाव अब तक सार्वजनिक विमर्श का हिस्सा नहीं बन पाए हैं, जबकि इस पूरे दौर ने सबसे ज्यादा तोड़फोड़ हमारे सांस्कृतिक मानस पर की है—खासकर बीसवीं सदी में संस्कृति के सबसे लोकप्रिय उपादान सिनेमा पर इसका प्रभाव बहुत गहरा दिखता है। हिन्दी सिनेमा के सन्दर्भ में कई स्तरों पर इस प्रभाव की पहचान की जा सकती है।

पहली बात तो यह कि तकनीकी तौर पर यह सिनेमा बहुत समृद्ध हुआ है। हॉलीवुड की फिल्मों के सम्पर्क में आने के बाद ब्योरों के प्रति एक नयी संवेदनशीलता इसमें दिखायी पड़ती है। बहुत सारे अर्थों में यह एक स्मार्ट सिनेमा है। इसमें पुराने दौर की स्थूलता और सतहीपन नहीं है। इसके किरदार अपनी नाटकीयता भी एक सहजता के साथ अर्जित करते हैं। कई बार इसने बड़ी कामयाबी के साथ कारोबार और कला के बीच ज़रूरी तालमेल बिठाया है। अगर इक्कीसवीं सदी की फिल्मों पर एक नज़र डालें तो '3 इडियट्स', 'पीपली लाइव', 'मुन्नाभाई एमबीबीएस', 'लगे रहो मुन्नाभाई', 'रंग दे बसन्ती', 'इकबाल', 'गैंग्स ऑफ वासेपुर', 'जब वी मेट', 'ज़िन्दगी ना मिलेगी दोबारा', 'चक दे इंडिया', 'ओंकारा', 'तनु वेड्स मनु', 'बैंड बाजा बारात', 'पान सिंह तोमर', 'कहानी', 'बर्फी' और ऐसी कई फिल्मों के नाम अचानक याद आते हैं जिन्हें खूब पसन्द किया गया है। इनमें से कुछ फिल्में अपनी सामाजिक सोद्देश्यता के लिए भी सराही गयी हैं। खासकर 'पीपली लाइव', '3 इडियट्स' और 'लगे रहो मुन्नाभाई' में लोगों ने अपने ढंग से एक गम्भीर सन्देश देखा। कई फिल्में अपने ठोस यथार्थवाद की वजह से पसन्द की गयीं। 'गैंग्स ऑफ वासेपुर', 'पीपली लाइव' या ऐसी और भी फिल्में हैं जहाँ कला की बारीक समझ ने फिल्मों को एक गहराई दी। कुछ फिल्में अपने कथ्य के नयेपन और सधेपन की वजह से सराही गयीं। 'जब वी मेट', 'खोसला का घोसला', 'तनु वेड्स मनु', 'सात खून माफ', 'बैंड बाजा बारात' इस तरह की फिल्में रहीं।

यह सूची और बड़ी की जा सकती है, ये खूबियाँ और भी गिनाई जा सकती हैं। कुल मिलाकर यह दिखता है कि इक्कीसवीं सदी का हिन्दी सिनेमा अपने पूर्ववर्ती सिनेमा के मुकाबले कहीं ज़्यादा समृद्ध और श्रेष्ठ हुआ है। हीरो-हीरोइन और विलेन

के बीच प्रेम और बदले की पुरानी जानी-पहचानी कहानी पीछे छूट गयी है और अब नये कथानक नये किरदारों के साथ सामने आ रहे हैं।

दरअसल ध्यान से देखें तो एक तरह का आधुनिक मिज़ाज इन फिल्मों ने अर्जित किया है जो देसी कम, ग्लोबल ज्यादा है। इस मिज़ाज में कुछ अच्छी बातें भी हैं। एक अच्छी बात यह है कि स्त्रियों के बन रहे स्टीरियोटाइप कई फिल्मों में टूटे हैं। पहले की तरह सती सावित्री या दिखावटी आधुनिक होने की जगह अब वे ज्यादा हाड़मांस की हैं। उनमें बराबरी का एहसास भी कहीं ज़्यादा है। दूसरी अच्छी बात यह है कि कई फिल्मों के नायक पुराने दौर के महानायकों जैसे नहीं हैं। वे बिल्कुल आम लोग हैं जिनमें कुछ कमज़ोरियाँ भी हैं लेकिन जो अपनी कमज़ारियों के पार जाने की कोशिश कर रहे हैं। तीसरी बात यह है कि इस सिनेमा ने जनजीवन के उन पहलुओं को छुआ है जो पहले अछूते रह जाते थे। 'पान सिंह तोमर' की कहानी इतने विश्वसनीय ढंग से इसी दौर में कही जा सकती थी। इसी तरह 'बर्फी' या 'विकी डोनर' जैसी दिलचस्प फिल्में शायद पहले नहीं बन सकती थीं। सच तो यह है कि सलमान खान की 'वान्टेड', 'दबंग' या 'बॉडीगार्ड' जैसी फिल्मों के बावजूद और आमिर खान और शाह रुख खान जैसे सितारों की उपस्थिति के बाद भी मुख्यधारा के हिन्दी सिनेमा का संसार पहले से बड़ा और विविध हुआ है।

लेकिन फिल्मों के इस बदलते संसार पर अब एक दूसरे ढंग से भी नज़र डालें। यह साफ नज़र आता है कि ये फिल्में उदारीकरण के दौर में बनी नयी मल्टीप्लेक्स संस्कृति की संतान हैं जिन्हें उन दर्शकों के लिए बनाया जा रहा है जो नयी किस्म की नौकरियों और नये मिलते पैसे के साथ मनोरंजन की ऐसी खुराक की तलाश में हैं जो उनकी छुट्टियों के बीच फिल्म देखने के अनुभव को पारिवारिक पिकनिक में बदल सके। इत्तिफाक से यह वह वर्ग है जिसकी सारी प्रेरणाएँ पश्चिम से आती हैं और जिसके पास अपनी कोई सांस्कृतिक विरासत और स्मृति नहीं है। स्मृति अगर है भी तो उन फिल्मों और गानों की जिन्हें वह पुरानी वर्जनाओं के बीच देखने की हिम्मत नहीं कर पाता था। इसलिए यह अनायास नहीं है कि इन दिनों जो फिल्में बन रही हैं उनमें हास्य प्रधान चुटीली फिल्मों की तादाद बहुत बड़ी है। इसके अलावा बहुत सारी पुरानी फिल्मों के रीमेक बन रहे हैं। 'डॉन' या 'अग्निपथ' इसके नये उदाहरण हैं। तीसरी बात यह कि सुरुचि या सुसंस्कृति को लेकर चूँकि कोई बहस या आग्रह इस समाज में बचा नहीं है, इसलिए हर फिल्म में एक आइटम डांस है जिसमें कहीं मुन्नी बदनाम हो रही है, कहीं शीला जवान हो रही है। दरअसल इन फिल्मों को देखते हुए ही खयाल आता है कि सिंगल स्क्रीन के चवन्नी छाप दर्शक भले किनारे कर दिए गये हों, लेकिन वह चवन्नीछाप मानसिकता अब भी बची हुई है जो चाव से इन सबका लुल्फ लेती है।

इसी नयी संस्कृति का असर है कि इन दिनों बनी ढेर सारी फिल्मों की पृष्ठभूमि

ग्लोबल है। यहाँ डॉन भी आता है तो कई देशों में खेल करता हुआ आता है। कई फिल्मों की पूरी की पूरी कहानी लन्दन या न्यूयॉर्क में घटित हो रही है। 'माई नेम इज़ खान', 'लन्दन ड्रीम्स', 'पटियाला हाउस', 'अनजाना-अनजानी' और ऐसी ढेर सारी फिल्में याद दिलाती हैं कि फिल्मकारों की नज़र उन प्रवासी भारतीयों पर भी है जिनकी संख्या इन बर्षों में विदेशों में काफी बढ़ी है। यही नहीं, पहले हिन्दी फिल्मों में भोजपुरी या पुरबिया बोली का जितना इस्तेमाल होता था, वह काफी कम हो चुका है और उसकी जगह गुजराती और पंजाबी नृत्य-संगीत और खानपान हावी दिखाई देते हैं।

जाहिर है, अब इन फिल्मों के नायक छोटे लोग नहीं हुआ करते। कभी कोई रिक्शा वाला, तांगेवाला या साइकिल चलाने वाला हीरो हो सकता था। यह हीरो कभी-कभी भूख और गरीबी से संघर्ष कर रहा हो सकता था। लेकिन आज यह सम्भव नहीं है। नये दौर के हीरो नयी बाइक्स या गाड़ियों में ही दिखते हैं। उनके संघर्ष भी बिल्कुल बुनियादी ज़रूरतों के संघर्ष नहीं हैं। जहाँ वे संघर्ष कर रहे हैं, वहाँ भी उनकी लड़ाई ज़्यादा से ज्यादा पैसा कमाने और बड़ा आदमी बनने की है। साफ है कि पैसे की आपाधापी ने बाकी मूल्यों को पीछे छोड़ दिया है। इन फिल्मों की पूरी वर्गीय चेतना ही बदली हुई है। अब इन दिनों बनी ऐसी कोई फिल्म आसानी से याद नहीं आती जिसमें अमीरी और गरीबी का कोई द्वंद्व हो—पहले वह था, भले ही सपाट ढंग से अमीर लड़की और गरीब लड़के की प्रेमकहानी में। अब अमीर लड़की तो क्या, गरीब लड़की भी अमीर लड़के का ही सपना देखती है।

इसका एक नतीजा यह भी है कि अब सामाजिक संघर्षों और प्रगतिशील मूल्यों वाली वे फिल्में नहीं दिखतीं जिन्हें कभी राज कपूर से लेकर दिलीप कुमार और बाद में अमिताभ बच्चन तक के दौर में अपनी बहुत सारी नाटकीयता और सीमाओं के बावजूद देखा जा सकता था। 50 के दशक में बनी फिल्म 'आदमी' में दिलीप कुमार अपने द्वन्द्व से लड़ता है और अपने दोस्त मनोज कुमार की जान लेते-लेते रह जाता है। अन्ततः उसकी आदमीयत उसे लौटा लेती है। लेकिन 90 के दशक का शाह रुख खान फिल्म 'अंजाम' में माधुरी दीक्षित को हासिल करने के लिए उसके पति की हत्या करने से भी नहीं हिचकता। 1975 में बनी फिल्म 'दीवार- में अमिताभ बच्चन अपने लिए गुन्डों नहीं लड़ता। जब वह एक दूसरे शख्स के प्रतिरोध का हश्र देखता है तो तय करता है कि 'अगले हफ़्ते एक और कुली इन मवालियों को पैसा देने से इनकार करने वाला है।' इस अमिताभ बच्चन के साथ एक माँ और एक भाई है जो उसे सही रास्ते की याद दिलाते रहते हैं। इस नायक के लिए अपराध एक सामाजिक मजबूरी है।

लेकिन 90 का दशक आते-आते सामाजिक मजबूरियों की ये कहानियाँ निजी प्रतिशोध की कथाओं में बदल जाती हैं और हिंसा मजबूरी नहीं नायक की मानसिकता

बनती लगती है। अब दुश्मन को तड़पा-तड़पा कर मारना है। अब नायक के साथ वे माँ और भाई नहीं बचे हैं जो उसे रास्ता दिखाएँ। बहनें और भाभियाँ तो न जाने कहाँ छूट गयीं। 1975 में बनी 'शोले' कभी बड़ी हिंसक फिल्म मानी जाती थी, आज फिल्मों की हिंसा देखते हुए वह एक मासूम-सी फिल्म जान पड़ती है।

तो ध्यान से देखें तो इस दौर की बहुत सारी अच्छी फिल्में आम हिन्दुस्तान की फिल्में नहीं हैं। वे नये बन रहे इण्डिया की फिल्में हैं। इन फिल्मों में जितना देशज स्पर्श है, उतना ही अंग्रेजी का इस्तेमाल भी बढ़ा है। इस दौर की ढेर सारी फिल्मों के नाम अंग्रेजी में रखे जा रहे हैं। लिखित हिन्दी को लेकर इन फिल्मों में घोर उपेक्षा का भाव दिखता है। 'नो वन किल्ड जेसिका' में हिन्दी सबटाइटिल्स इतने अशुद्ध ढंग से लिखे गये हैं कि फिल्म देखते हुए कोफ़्त होती है।

यानी फिल्में रंगीन, चटख और बेहतर हुई हैं, नयी तकनीक के इस्तेमाल ने उन्हें नये आयाम दिये हैं, लेकिन भारतीय समाज के वास्तविक द्वन्द्वों और यहाँ की प्रेरणाओं से वे कोसों दूर हैं। हिन्दी का बड़ा बाज़ार फिल्मकारों को मजबूर करता है कि वे हिन्दी में फिल्में बनाएँ, अपनी पेशेवर समझ से वे इस समाज के कई अलग-अलग पहलुओं का कायदे से चित्रण भी कर पाते हैं, लेकिन अन्ततः यह सिनेमा जनता का नहीं है, न ही जनता के काम आने वाला है। अनुराग बासु की फिल्म 'बर्फी' दरअसल इस नये दौर की प्रतिनिधि फिल्म कही जा सकती है जो एक मार्मिक फिल्म बन पड़ी है लेकिन जिसमें बहुत सारी पुरानी फिल्मों के दृश्य ज्यों के त्यों उठा लिए गये हैं। बाद में अनुराग बासु ने शायद सफाई दी कि यह सिनेमा के उस्तादों को उनका 'ट्रिब्यूट' था, लेकिन यह नहीं बताया कि इन उस्तादों में उन्हें एक भी भारतीय फिल्मकार नज़र क्यों नहीं आया। जाहिर है, यह बाहर का सिनेमा है जो बाहर की नकल पर हिन्दी में बन रहा है।

गलत पतों पर सही ठिकानों की तलाश : लंच बॉक्स

कुछ फिल्में बहुत स्पष्ट होती हैं। एक ही बार में उनका अच्छा-बुरा मालूम हो जाता है। ऐसी फिल्में पहली बार में ही अपना असर छोड़ जाती हैं शायद वह असर उतरता भी उतनी ही तेज़ी से है। लेकिन कुछ फिल्में ऐसी होती हैं जो धीरे-धीरे खुलती हैं। रीतेश बतरा द्वारा लिखित और निर्देशित 'लंच बॉक्स' शायद ऐसी ही फिल्म है। इसे देखे हुए करीब अब एक महीना होने को है। उसके बाद कम से कम दो फिल्में सिनेमाघर जाकर देख चुका। लेकिन 'लंच बॉक्स' कहीं न कहीं दिल या दिमाग में अटकी हुई है। उसकी अलग-अलग तहें जैसे एक-एक कर सामने आ रही हैं।

हालाँकि पहली नज़र में ही 'लंच बॉक्स' ने एहसास करा दिया था कि यह एक बड़ी फिल्म है—शिल्प और कथ्य दोनों स्तरों पर बहुत गझिन, सूक्ष्म और बहुपरतीय। फिल्म का कैमरा जिस तरह एक विराट महानगर को उसके सारे शोरगुल और उसकी रफ़्तार के साथ पकड़ता है, साइकिल से लेकर ट्रेन तक उसकी लय को जिस तरह बाँधता और खोलता है, घर की एकरसता और दफ़्तर की एकतानता को जिस खुरदरेपन के साथ हमारे सामने रख देता है, उसे बार-बार भी देखें तो दृश्य और उनके बीच से निकलने वाले अर्थ जैसे ख़त्म नहीं होते। यह कई पाठ और उपपाठ समेट कर चलने वाली फिल्म है। पहला पाठ उस नयी सभ्यता के महानगरीय एकान्त का है जिसमें दो किरदार अलग-अलग ढंग से एक यान्त्रिक जीवन जीने को विवश हैं। बेटी को स्कूल भेजकर अपनी दिनचर्या के विकट अकेलेपन में अपने पति के लिए लंच तैयार करती एक स्त्री इस नयी सभ्यता की देन है। पुराने संयुक्त या बड़े परिवारों की एक अच्छी या बुरी बात यह थी कि जीवन में स्त्री को ऐसा त्रासद अकेलापन या स्वर्गिक एकान्त सुलभ नहीं था। इसी तरह किसी पुरुष का विधुरत्व उसे ऐसा अकेला और गुमसुम नहीं छोड़ देता था कि वह रोज़ दफ़्तर आए-जाए, सिगरेट के धुएँ में शाम काट दे और रिटायर होने के बाद अपने घर जाने के अनमने-अनिश्चित से खयाल को अपने इकलौते सपने की तरह पाले रखे।

तो अपने पहले पाठ में यह फिल्म एक तरह से भारत के महानगरीय अकेलेपन की कथा है जिसकी मर्मांतक अभिव्यक्ति इस यथार्थ में होती है कि एक औरत एक दिन सिर्फ इस एकरसता से ऊब कर बहुमंज़िला इमारत से छलाँग लगाकर खुदकुशी कर लेती है और दूसरी औरत अपनी बेटी का हाथ थामे एक अनजान पते के लिए निकल पड़ती है। इस विकट अकेलेपन का वास्ता सिर्फ बढ़ती व्यस्तता भर से नहीं

है, उस बढ़ती सम्वादहीनता से भी है जो करीब होने के बावजूद लोगों को दूर करती है, साथ होने के बावजूद उन्हें अकेला करती है। फिल्म को देखते हुए बरबस यह खयाल आता है कि इस महानगर में हम सब एक स्तर पर अपने-अपने अकेलेपन के टापू बनाने और उसमें रहने को विवश हैं। लेकिन 'लंच बॉक्स' इस महानगरीय एकरसता या अकेलेपन पर कोई टिप्पणी नहीं करती- वह अपने अगले पाठ में इससे तुकतान मिलाने की लगभग अदम्य कोशिश का आईना बनती दिखाई पड़ती है। इस फिल्म में एक अदृश्य किरदार भी है—पति के लिए लंच बनाती इला की वह सलाहकार-सखी 'आँटी', जो 15 साल से अपने कोमाग्रस्त पति की देखभाल से लगी हुई है। वह इला को पति को लुभाने वाले व्यंजन की विधियाँ बताती है, पुराने फिल्मी गाने सुनाती है, इला की फरमाइश पर फौरन फिल्म 'साजन' का कैसेट निकाल लेती है, और सिर्फ घूमते हुए पंखे को देखकर जी रहे पति के लिए जेनरेटर का भी इंतजाम करती है ताकि बिजली न जाए। एक दिन तो वह घूमते हुए पंखे की सफाई भी कर डालती है। कोई पारम्परिक नज़र हो सकता है कि इस कहानी में सत्यवान-सावित्री कथा का भाव खोजने की कोशिश करे, और इसे एक मर रहे सत्यावान को जिलाए रखने के लिए सावित्री की तपस्या से जोड़कर देखे, लेकिन पूरी फिल्म के सन्दर्भ में यह किरदार महानगर के जंजाल में अपने हिस्से का रिश्ता और रेशा बचाए-सहेजे रखने की जिद की तरह आता है। हो सकता है, इस जिद के पीछे परम्परा के प्रशिक्षण का बल भी हो, लेकिन अकेले वह परम्परा की पैदाइश नहीं है। इसी फ़िल्म में छुपी एक दूसरी कहानी इस परम्परा की सच्चाई को जैसे तार-तार करती हुई उसकी व्यर्थता सामने ले आती है। इला के अपाहिज पिता की लगातार सेवा कर रही माँ अचानक उनकी मौत में अपने लिए एक मुक्ति, एक राहत देखती हैं। एक तरफ शव पड़ा है और दूसरी तरफ उन्हें भूख लग रही है, कुछ अच्छा खाने का मन कर रहा है। क्या यह परम्परा का शव है? लगातार ढोई जा रही एक विवशता का शव, जिसमें कोई स्पन्दन और संवेदना नहीं बची है? फिल्म इसका जवाब नहीं देती, वह आगे बढ़ जाती है।

महानगर की इस यान्त्रिकता से लड़ने का एक वैकल्पिक रास्ता इस फिल्म का तीसरा किरदार शेख देता है। अपने तमाम तरह के सच-झूठ के बीच, अपने हालात के पार जाकर, अपने मान-अपमान को परे रखते हुए भी और कभी-कभी अपनी सीमाओं को फलाँग कर वह अपने माहौल से तुकतान बिठाता है, एक रिश्ता जोड़ने की कोशिश करता है और अन्ततः इसमें कामयाब होता है। फिल्म के कुछ बेहद दिलचस्प और खूबसूरत हिस्से साजन फ़र्नांडिज़ और शेख यानी इरफ़ान ख़ान और नवाजुद्दीन सिद्दीकी की-अलग-अलग मुठभेड़ से बनते हैं। इरफ़ान के अकेलेपन की दीवार से बार-बार टकरा कर लौटता नवाजुद्दीन अन्ततः उसमें एक सूराख पैदा करने में कामयाब होता है, उसे अपनी शादी के मंडप तक भी ले आता है। वह

इस महानगर में विचलन का एक सूत्र देता है—कभी-कभी गलत टिकट भी सही जगह पहुँचा देता है।

लेकिन यह सूराख शायद पहले पैदा हो चुका है जिसे नवाजुद्दीन सिद्दीकी अपनी कोशिश से खोज भर निकालता है। महानगर की कभी न चूकने-टूटने वाली एकरस लय के बीच एक चूक हो ही जाती है, मुम्बई के मशहूर डब्बा वाले एक डब्बा देने में गलती करते हैं और फिर वह गलती नियमित हो जाती है। लय में यह विचलन अनायास ही जीवन की एक सम्भावना बन जाता है। अपेक्षाकृत युवा इला और बुजुर्ग फर्नांडिस दोनों अचानक आते-जाते लंचबॉक्स में साझा की जा रही चिट्स की मार्फ्त एक-दूसरे के करीब चले आते हैं।

लेकिन यह फिल्मी क़रीबी नहीं है। साजन के गाने सुनने वाली इला, यानी निमरत कौर, एक रेस्तराँ में इरफ़ान को बुलाती है, और फिर उसका इन्तजार करके लौट जाती है। यह राज बाद में खुलता है कि इरफ़ान रेस्तराँ तक तो जाता है लेकिन ज़िन्दगी की हक़ीक़त को समझते हुए शायद अपने क़दम वापस खींच लेता है। यह ज़िन्दगी जैसे बार-बार इरफ़ान को वक़्त का धूल भरा आईना दिखा रही है। कम्पनी छोड़कर अपने घर लौटते इरफ़ान को ट्रेन में एक बूढ़ा मिलता है जिसकी झुर्रियों भरी बेबसी में अपना भविष्य देखकर इरफ़ान अचानक लौटने का फैसला कर लेता है।

मगर क्या लौटना सम्भव होता है? क्या गलत टिकट खरीद कर सही स्टेशन तक पहुँचा जा सकता है? क्या यह आधुनिक ज़िन्दगी अपने कोलाहल और भीड़भाड़ में इतनी आसान रह गयी है कि लोगों को छूटती हुई ट्रेनों की आखिरी घड़ी में मिला दे, जैसा अक्सर फिल्मों में होता है?

इस फिल्म में ऐसा नहीं होता। आख़िरी हिस्से में इरफ़ान और निमरत को—फर्नांडिज़ और इला को एक-दूसरे की तलाश है। वे एक दूसरे के घर-दफ्तर जा रहे हैं, एक-दूसरे की योजनाओं से अनजान अपने-अपने रास्ते पकड़ रहे हैं। इला अपनी बेटी के साथ एक ऐसी मंज़िल की तलाश में निकल पड़ी है जहाँ सबकुछ अच्छा हो। इरफ़ान उन डिब्बे वालों के सहारे इला का घर खोजने की कोशिश कर रहा है जो उसका तैयार किया हुआ लंच बॉक्स उसके दफ्तर तक छोड़ आते थे।

फिल्म इस अनिश्चित मोड़ पर खत्म हो जाती है। बहुत सारे लोगों के भीतर एक हूक सी उठती है कि काश वे मिल जाते। लेकिन मिल जाते तो लंच बॉक्स एक खूबसूरत अन्त के साथ दिल पर दस्तक देकर लौट जाने वाली फिल्म होती, वह उस तरह दिल में धंसी नहीं रहती, जिस तरह धंसी हुई है। दशकों पहले मोहन राकेश ने महानगर में रह रहे परिवार और किरदारों को लेकर मशहूर नाटक 'आधे-अधूरे' लिखा था। 'लंच बॉक्स' नये दौर के महनगरीय यथार्थ का 'आधे-अधूरे' है जिसमें अपनी आधी-अधूरी तलाश के बीच किरदारों को अपने-अपने हिस्से का अकेलापन ढोते अपने-अपने हिस्से के स्वर्ग-नरक जीने हैं।

कहने की ज़रूरत नहीं कि निमरत कौर, इरफ़ान ख़ान और नवाजुद्दीन सिद्दीकी के बेहद सहज अभिनय ने सिनेमा और ज़िन्दगी के बीच का फ़ासला मिटाने में कुछ मदद ही की है और रीतेश बतरा के बेहद चौकन्ने निर्देशन ने अर्थों के नये आयाम दिये हैं। फिल्म की एडिटिंग और पूरी दृश्य योजना जैसे कथ्य के सम्प्रेषण को और गाढ़ा करती चलती है। जो कैंटीन पहली बार कोलाहल और भरी हुई मेजों के बीच एक बेस्वाद यान्त्रिकता का घर लगती है, वही अगले दृश्य में एक चिट की मार्फत हुए संवाद के बाद अचानक कुछ खुली-खुली, कुछ खुशनुमा और मानवीय भी हो उठती है। पूरी फिल्म दरअसल फिर से याद दिलाती है कि हिन्दी सिनेमा का यह एक नया दौर है जिसमें कल्पनाशीलता और कला मिलकर बहुत जटिल यथार्थ के कई सूक्ष्म भाष्य रच रही हैं।

विदेशी दुकानों से उठाई गयी ज़ायकेदार बर्फ़ी

काश कि अपनी फिल्म 'बर्फी' पर लग रहे नकल के आरोपों को लेकर अनुराग बासु ने जो सफाई बाद में दी, वह पहले दे दी होती। या फिर उन्होंने फिल्म के शुरू में इस बात का ज़िक्र कर दिया होता कि यह फिल्म बहुत सारे उस्तादों को उनकी ओर से श्रद्धांजलि है जिनकी फिल्मों के दृश्य यहाँ इस्तेमाल कर लिए गये हैं। बुरा यह है कि यह सारी बात तब सामने आ रही है जब बर्फी को देखने बाद लोग उस पर पच्चीस से ज़्यादा फिल्मों की चोरी का इल्ज़ाम लगा रहे हैं।

यह बात इसलिए ज्यादा अफ़सोस पैदा करती है कि इतनी सारी नकलों के बावजूद, कई दृश्यों को ज्यों का त्यों उठा लेने के बावजूद, बर्फी में अपनी तरह की मौलिकता है। एक मूक-बधिर लड़के की यह दोहरी प्रेम कथा कई स्तरों पर हमें छूती है। सत्तर के दशक के दार्जीलिंग की पृष्ठभूमि में रची गयी इस कहानी के तीनों मुख्य किरदार जैसे अपनी सीमाओं के बावजूद ज़िन्दगी को अपनी तरह से जीते और बदलते हैं। नहीं, ऐसा वे किसी महानायक वाली कोशिश के साथ नहीं करते, बस, जीवन को जीते हुए, उसके बीच अपनी छोटी-छोटी गुंजाइशों की तलाश करते हुए वे उसके नये मानी निकाल लिया करते हैं। फिल्म का नायक बर्फी एक मूक-बधिक युवक है, लेकिन कहीं से मायूस या दयनीय नहीं। उल्टे वह अपनी तरह का चुस्त-दुरुस्त और खिलन्दड़ा नौजवान है जिसकी मासूम हरकतें कोलकाता से आई एक लड़की को इस तरह आकर्षित कर लेती हैं कि वह अपना रिश्ता हो चुकने के बावजूद उससे प्रेम करने लगती है। लेकिन अभावों में पले बर्फी के लिए यह प्रेम अब भी वह आकाशकुसुम है जो उसकी मुट्ठी में नहीं आना है। लड़की एक दिन लौट जाती है।

बर्फी के जीवन में जो दूसरी लड़की आती है, वह एक ऑटिस्टिक लड़की है। बर्फी जानता इसे बचपन से है, लेकिन पहचानता बाद में है, जब वह अपने बीमार पिता के इलाज के लिए इस लड़की के अपहरण की नौसिखिया-सी कोशिश करता है और अचानक अपने-आप को घटनाओं के एक नये चक्र से घिरा पाता है।

यह कहानी और भी आगे जाती है। कहानी दार्जीलिंग से कोलकाता पहुँच जाती है जहाँ पहली लड़की बर्फी के जीवन में इत्तिफाक से लौटती है और दूसरी लड़की अचानक गायब हो जाती है। अपहरण के पुराने मामले में बर्फी को तलाश कर रही

पुलिस इसी क्रम में उस तक पहुँच भी जाती है। फिल्म में इसके बाद भी कई मोड़ आते हैं और अन्ततः हम एक दिन वृद्ध बर्फी के अन्त तक पहुँच जाते हैं।

एक तरह से बर्फी की कहानी अपने-आप में काफी फिल्मी और घुमावदार है। यथार्थ की शुष्क निगाह से देखना चाहें तो यह कई बार भरोसे लायक नहीं लगती, यह यकीन करना भी मुश्किल हो सकता है कि इतनी सारी सीमाओं से घिरे ये किरदार अपने लिए इतनी सारी सम्भावनाएँ पैदा कर ले रहे हैं। इसके अलावा चाहें तो यह भी कह सकते हैं कि इसमें प्रेम त्रिकोण का वह जाना-माना फार्मूला है जो हिन्दी फिल्मों में बार-बार दुहराया जाता है।

लेकिन दरअसल इतनी स्थूल-सी कथाभूमि के आधार पर यह फिल्म देखने के लिए नहीं है। सच तो यह है कि एक विधा के तौर पर सिनेमा ही बिल्कुल अलग दृष्टि से देखे जाने की माँग करता है। यह समझना जरूरी है कि यथार्थवाद के जाने-पहचाने कलागत चौखटे को तोड़कर सिनेमा ने अपना एक अलग यथार्थ रचा है जिसकी प्रामाणिकता विवरणों की वास्तविकता से नहीं, दृश्यों और किरदारों की स्वाभाविकता से बनती है। फिल्म शब्द और संवाद भर नहीं है, वह संगीत और कहानी भर नहीं है, वह इन तमाम चीजों से बने सम्पूर्ण दृश्यों का एक सिलसिला भी है जो ज़िन्दगी की तरह ही यहाँ से वहाँ तक पसरा हो सकता है। फिल्में जब इस सिलसिले को ठीक से संजोती हैं, जब इन दृश्यों में साँस और धड़कन महसूस होने लगती है, जब इनके उतार-चढ़ाव और तनाव हमारे उतार-चढ़ाव और तनाव बन जाते हैं तो वे कामयाब और बड़ी फिल्में बन जाती हैं।

इसी कसौटी पर बर्फी एक बड़ी फिल्म लगती है। इसमें कुछ हाथ उन अभिनेताओं का है—बर्फी के रूप में रणबीर कपूर का, झिलमिल के रूप में प्रियंका चोपड़ा का और श्रुति के रूप में इलीना डीक्रूज का—जिन्होंने इस जटिल और लगभग असम्भव-सी लगती प्रेम कहानी को अपने सहज अभिनय से निहायत विश्वसनीय बना डाला है, और कुछ निर्देशक अनुराग बासु का, जिन्होंने इसके जटिल दृश्य विधान रचे हैं और उन्हें लगभग कविता में बदल डाला है। फिल्म में हल्के-फुल्के दृश्य भी ढेर सारे हैं और कहीं-कहीं कुछ चालू किस्म की फिल्मभाषा भी, लेकिन शुरू से अन्त तक बनी रहने वाली एक तरल कविता है जो हमें यह भरोसा दिला पाती है कि श्रुति इस बर्फी के लिए अपना घर-परिवार छोड़कर चली आ सकती है, बर्फी झिलमिल को बचाने और पाने के लिए इतनी दूर तक जा सकता है, और झिलमिल बर्फी की शैया पर लेट कर उसी के साथ प्राण त्याग सकती है।

यहाँ अनुराग बासु और हिन्दी फिल्मों के मौजूदा दौर की एक ख़ासियत का ज़िक्र ज़रूरी है। पिछले एक-दो दशक में हिन्दी सिनेमा में अचानक एक नयी परिपक्वता दिखती है। इस परिपक्वता का असर फिल्मों की कथाभूमि पर भी पड़ा है जो पहले की तरह हीरो-हीरोइन और विलेन के बने-बनाये साँचे और खाँचे से बाहर आती

दिख रही है और हीरो या विलेन के पुराने स्टीरियोटाइप्स की सतही फूहड़ता को विदा दे चुकी है। लेकिन यह परिपक्वता सबसे ज्यादा सिनेमा के शिल्प में, उसकी फिल्मभाषा में दिखती है। आज के फिल्मकार ब्योरों के प्रति, सूक्ष्मताओं के प्रति, पहले से ज्यादा सजग और संवेदनशील हैं। यह अलग बात है कि कई बार उनमें कोई बड़ी कथादृष्टि नहीं दिखती, कोई ऐसा कन्टेंट नज़र नहीं आता जो छू ले।

लेकिन बर्फी छूती है। अनुराग अपनी तरह से दृश्यों और कथानक को चमकाते हैं। श्रुति सिर्फ बर्फी के प्रेम की दीवानगी में घर छोड़कर नहीं चली आती, उसके सामने उसकी माँ का अनुभव है जो अपने पहले प्रेम को भूल नहीं पाई है और एक सुखी-समृद्ध जीवन के बावजूद बार-बार उस कामगार को देखने लौटती है जिसके साथ कभी जीने की उन्होंने कल्पना की थी। श्रुति कहीं ठोस ढंग से अपने जीवन की वास्तविक खुशी पर विचार करती है और एक असम्भव-सा लगता फ़ैसला लेती है।

लेकिन अन्त में, या बाद में, सवाल यही बचा रहता है कि फिल्म में दिख रही परिपक्वता कितनी मौलिक है, कितनी आयातित और कितनी शुद्ध नकल पर आधारित? क्योंकि फिल्म में जिन दृश्यों की कविता से हम अभिभूत हैं, उनमें से कई हूबहू दूसरी फिल्मों से उठाये गये हैं, यह बात प्रमाणित हो चुकी है। बासु मान चुके हैं कि वे बड़े फिल्मकारों से प्रेरित रहे हैं। फिल्म के कथानक पर भी बाहरी असर का आरोप लग रहा है। ये सारे आरोप न होते तो शायद बर्फी हमारे समय के सिनेमा की एक उजली उपलब्धि की तरह आती।

मगर क्या यह सिर्फ बर्फी या अनुराग बासु की सीमा या त्रासदी है? यह सच है कि चाय और क्रिकेट की तरह सिनेमा भी भारत में पश्चिम से आया। लेकिन बाहर से यह तकनीक लाने वाले दादा साहेब फाल्के ने अपनी पहली कहानी भारतीय माहौल और परम्परा से चुनी थी। बाद के दौर में सिनेमा का भातीयकरण और भी हुआ- उसमें नाच-गाने भी जुड़े और जाने-अनजाने अलग-अलग दौर के सपने और सवाल, हताशा और गुस्सा, मायूसी और पलायन, अभिव्यक्ति पाते रहे। हालाँकि इन सबके बीच भी उसका मूल स्वर हॉलीवुड के सतही सपाटपन से ही बनता रहा, क्योंकि कोई तकनीक अकेली नहीं आती, वह अपने साथ पूरी संस्कृति भी लाती है। लेकिन हाल के वर्षों में जैसे हम इस संस्कृति के आगे पूरी तरह आत्मसमर्पण कर चुके हैं। आत्महीनता भारतीय समाज में भी बढ़ी है और हिन्दी सिनेमा में भी। अच्छा-बुरा जो भी आ रहा है, वह बाहर से आ रहा है। उसके अच्छे-बुरे पर मुहर भी पश्चिम ही लगा रहा है। इन दिनों हिन्दी फिल्मों में ऑस्कर पाने की जो नयी भूख पैदा हुई है, वह इसी परमुखकातरता का नतीजा है। इस लिहाज से हिन्दी फिल्मों की मौजूदा परिपक्वता बहुत दूर तक पश्चिम से आक्रान्त दिखाई पड़ती है। इन दिनों युवा फिल्मकार जो फिल्में बना रहे हैं, उनके नामों के चयन से लेकर उनके दृश्यों के रचाव तक यह बाहरी प्रभाव बड़ी आसानी से पकड़ा जा सकता है।

निश्चय ही इससे एक बड़ी भूमिका उस भूमंडलीकरण की भी है जिसने सात समन्दर पार भी खाते-पीते भारतीयों का एक बड़ा तबका तैयार कर दिया है। इसलिए इन दिनों मुख्यधारा की हिन्दी फिल्मों की कथाभूमि में लन्दन या न्यूयार्क या फिर कोई दूसरा शहर होता ही होता है। सत्तर के दशक में डॉन बने अमिताभ बच्चन मुम्बई से बाहर नहीं जाते, इक्कीसवीं सदी का डॉन बना शाह रुख़ ख़ान बिल्कुल अंतरराष्ट्रीय फलक पर काम करता है।

इन सबके बीच एक बर्फी बनती है जो कोलकाता और दार्जीलिंग के पुराने दिनों की याद दिलाती है तो अच्छा लगता है। लेकिन जब अचानक हम पाते हैं कि यह नायक तो कहीं और से उठाया हुआ है, यह दृश्य तो कहीं और का लिया हुआ है और यह भागमभाग तो किसी और की कल्पना है तो पूरी फिल्म सवालों से घिर जाती है। रूपक के तौर पर देखना चाहें तो बर्फी दरअसल हिन्दी फिल्मों की परिपक्वता की भी निशानी है और उनकी परमुखकातरता की भी। वह कहानी यहाँ की लेती है, प्रेरणाएँ बाहर की—और कुछ इतने निर्द्वन्द्व और मासूम भाव से, कि लगता ही नहीं कि इसमें बाहर का कुछ उठाया जा रहा है। बासु कुछ इस तरह से प्रेरणा की बात करते हैं जैसे जो भी लिया जा रहा है, अपनों का लिया जा रहा है। वे शायद यह भी नहीं महसूस करते कि प्रेरणा या श्रद्धांजति का मतलब किसी उस्ताद के काम को आगे ले जाना हो सकता है, उसकी ज्यों की त्यों नक़ल कर देना नहीं। इस लिहाज से समझ में नहीं आता कि हम निर्देशक अनुराग बासु की तारीफ़ करें या उनका मजाक उड़ाएँ या फिर उनके साथ हमदर्दी से पेश आएँ।

कला, ज़िंदगी और वासेपुर के द्वन्द्व: गैंग्स ऑफ वासेपुर

अनुराग कश्यप की फिल्म 'गैंग्स ऑफ वासेपुर' में वह कौन-सी चीज़ है जो प्रबुद्ध पाठकों और आलोचकों का सबसे ज़्यादा ध्यान खींच रही है? निस्संदेह, वह यथार्थवादी शिल्प जिसमें अपराध को अपराध की तरह, हिंसा को हिंसा की तरह और लोगों को लोगों की तरह दिखाया गया है। यह बात लोगों को बहुत आकर्षित कर रही है कि अनुराग ने अपनी फिल्म को किसी महानायकत्व से बचाये रखा है—माफिया को अमिताभ बच्चन या शाह रुख खान की तरह या उसकी प्रेमिका को रेखा या काजोल की तरह नहीं दिखाया है। वासेपुर-2 का फ़ैजल खान बिल्कुल एक आम नौजवान लगता है—इस फ़र्क़ के सिवा कि वह बड़ी क्रूरता से किसी की हत्या कर डालता है।

बेशक, इस यथार्थवादी शिल्प से अनुराग कश्यप ने कुछ और चीज़ें भी साधी हैं—यह फिल्म अपने ब्योरों में एक पिछड़े हुए इलाके का बदरंग आईना लगती है जिसमें छोटे शहरों और कस्बों वाला रोमान नहीं है, बल्कि नसों को तड़का देने वाली, सकते में डालने वाली वह हकीकत हैं जो आपको विचलित करती है। यहाँ हिंसा भारी-भरकम गूँजते संवादों या पृष्ठभूमि में बजते संगीत की मार्फत नहीं आती, वह गोलियों के धमाकों, खून के छीटों और सिहरा देने वाले अमानवीय ठंडेपन के साथ घटित होती है। इसमें ज़िंदगी का भदेस उन गालियों के रूप में हमारे कानों में जलते सीसे की तरह पड़ता है जिन्हें आम तौर पर अपनी भद्रता में हम सुनना भी पसन्द नहीं करते। शिल्प पर अपनी इस सयानी पकड़ में कमाल से ही अनुराग कश्यप इस रगड़ रही, ख़ून-ख़ून, पसीना-पसीना ज़िंदगी के बीच कुछ मार्मिक लम्हे निकाल लेते हैं जिनकी कविता हमारे कुछ मित्रों को बहुत भा रही है।

लेकिन कुल मिलाकर इस फिल्म का हासिल क्या है? क्या यह फिल्म वासेपुर के बहाने धनबाद के कोयलांचल या किसी भी इलाके में सक्रिय भू माफिया की परिघटना को समझने में हमारी मदद करती है? अनुराग कश्यप का दावा है कि उन्होंने बहुत शोध करके यह फिल्म बनाई। यह सारा शोध लेकिन पहली फिल्म के शुरूआती हिस्सों में कुछ अखबारी कतरनों में और कुछ डॉक्युमेंटरीनुमा एडिटिंग में रीत-बीत जाता है—इसके बाद खून-खराबे और बदले की वही जानी-पहचानी कहानी चल निकलती है जो हिन्दी फिल्मों में न जाने कब से दुहराई जाती रही है। फर्क

फिर वही बस इतना है—अनुराग कश्यप ने इस पिटी हुई कहानी को कहने का एक यथार्थवादी मुहावरा अपनाया है।

कह सकते हैं कि दुनिया की सारी कहानियाँ एक होती हैं—प्रेम और नफ़रत की, बदले और बदलाव की—बदलता उन्हें कहने का ढंग भर है, और इस लिहाज से अनुराग कामयाब रहे हैं। लेकिन ध्यान दें तो यह मुहावरा भी अनुराग का बनाया हुआ नहीं हैं। करीब 15 साल पहले 'सत्या' वह पहली फिल्म थी जिसने अंडरवर्ल्ड के बहाने अपराध की दुनिया के इस झनझनाते चित्रण को हमारे सामने रखा था। शायद उसके कुछ पहले 'बैंडिट क्वीन' बनाते हुए शेखर कपूर ने भी यथार्थ के इसी औजार का सहारा लिया था जिसका अब अनुराग कश्यप ने लिया है। अनुराग कश्यप ने इस विधा में हाल का एक नया चलन भर जोड़ा है—गालियों के भरपूर इस्तेमाल का। लेकिन 'स्लमडॉग मिलेनियर', 'पीपली लाइव' या 'ये साली ज़िन्दगी' जैसी फिल्मों में जो गालियाँ अपने कथानक का कहीं ज़्यादा अनिवार्य हिस्सा लगती हैं, वह इस फिल्म तक आते-आते जैसे सजावट का सामान बन जाती हैं। यहाँ गालियाँ बस गुस्से में दी जाने वाली प्रतिक्रिया भर नहीं हैं, बाकायदा डायलॉग हैं जिन पर लोग हॉल में तालियाँ बजाते हैं।

अनुराग कश्यप और उनके बालिग मुरीदों का तर्क है कि ये गालियाँ भी ज़िन्दगी से ली गयी हैं—वे हमारे समाज में हैं, इसलिए फिल्म में हैं। लेकिन यहाँ आकर दो सवाल पैदा होते हैं। एक का वास्ता कला और जिन्दगी के समीकरण से है। कला की चुनौती जिन्दगी की ज्यों की त्यों नकल में नहीं होती- वरना फोटोग्राफी और वीडियोग्राफी से बड़ी कला कोई नहीं होती—उसकी चुनौती यह है कि जिन्दगी की दैहिकता के पार जाकर, उसकी सच्चाई का, उसके लगाव का, उसकी नफरत का, उसकी वीभत्सता का या फिर उसकी सुन्दरता का हमें बिल्कुल एहसास करा दे। फिल्म में हत्या दिखाने के लिए हम जीवन में हत्या नहीं करा सकते, फिल्म में बलात्कार दिखाने के लिए हम जीवन में बलात्कार नहीं दिखा सकते—सिर्फ नैतिकता की वजह से नहीं, इस ज्यादा बड़ी सच्चाई के दबाव में भी कि अन्ततः आँखों के सामने घटी ऐसी हत्या या ऐसा बलात्कार हमें जीवन के प्रति संवेदनशील नहीं बनाते, कुछ संवेदनविहीन ही छोड़ सकते है। पोर्नोग्राफी में प्रेम तो छोड़ दें, दैहिक प्रेम की ऊष्मा भी नहीं आ सकती। लेकिन अनुराग कश्यप गालियों की मार्फत शायद यही काम करना चाहते हैं और जो एतराज़ करते हैं उन्हें अपने बालिग होने के अहंकार में नाबलिग ठहराते हैं।

दरअसल ध्यान से देखें तो इन गालियों में ही नहीं, इस पूरी फिल्म में एक अजब से मर्दवाद की गन्ध समाई हुई है। पहली फिल्म में फ़ैज़ल का बाप, यानी मनोज बाजपेयी चाहे दूसरी बीवी कर ले, चाहे वेश्याओं के पास जाए, उसके बच्चों को फ़र्क नहीं पड़ता, लेकिन फ़ैजल एक बार अपनी माँ का भटकाव देखता है तो

जीवन भर के लिए खामोश, उदास, गंजेड़ी और नशेड़ी हो जाता है। निस्सन्देह, बेटे के सामने माँ की जो छवि होती है, वह पिता की नहीं होती, लेकिन अगर पिता बेवफा हो सकते हैं तो माँएँ भी हो सकती हैं। यह बात फ़ैज़ल भले न समझे, अनुराग कश्यप जरूर समझते होंगे, लेकिन फैज़ल का किरदार गढ़ने में माँ की यह भूमिका अगर उन्होंने देखी और खोजी है तो दरअसल इसीलिए कि वह अपनी ही किरदार को सिर्फ मर्द की आँख से देख पाये, औरत की नज़र से नहीं। दरअसल फ़ैज़ल की माँ का पूरा किरदार इसी आँख से गढ़ा गया है। वह अपनी गर्भावस्था में अपने शौहर को वेश्या के पास जाने को प्रेरित करती है, और वह भी खिला-पिला कर। वह अपने भटके हुए फ़ैज़ल की मर्दानगी को ललकारती है कि वह अपने पिता और भाई का बदला ले।

अक्सर कहा जाता है कि फिल्में दो मकसदों से बनायी जाती हैं एक तो वह जो 'डर्टी पिक्चर' की विद्या बालन ने समझाया- इन्टरटेनमेंट, इन्टरटेनमेंट, इंटरटेनमेंट- यानी वह मनोरंजन जिसमें हम- अगर अंग्रेजी कविता के एक रोमैंटिक मूर्द्धन्य एसटी कोलरीज़ का सिद्धान्त उधार लें- तो 'विलिंग सस्पेंशन ऑफ डिस्बिलीफ', यानी अविश्वास के स्वैच्छिक स्थगन की मदद लेते हैं और फिल्म का मजा लेते हैं। यानी हम यह सवाल नहीं उठाते कि क्या फिल्म में यह सम्भव है? बस देखते हैं, और उसे सच मानते हुए उससे कुछ आनन्द हासिल करते हैं।

फिल्म या किसी कला का दूसरा मक़सद हमारे भीतर ज़िन्दगी और ज़माने की कहीं ज्यादा गहरी समझ और संवेदना पैदा करना होता है जिसके लिए हम यथार्थ का सहारा लेते हैं। कई फिल्मकार मनोरंजन और संवेदना दोनों को मिलाते हैं और एक अच्छी फिल्म बनाने में कामयाब होते हैं। लेकिन अनुराग कश्यप का खेल कुछ अलग किस्म का है। वे चाहते हैं कि उनकी फिल्म यथार्थवादी लगे, लेकिन कारोबार भी कर सके। वे यथार्थ की पोशाक में हमारे सामने एक ऐसी कल्पना परोसते हैं जिस पर हम सवाल उठाए बिना भरोसा करते चलें। वरना सिर्फ दो-एक मर्डर करके पूरे वासेपुर और धनबाद को अपनी उंगलियों पर नचाने वाले फ़ैज़ल और सरदार कहाँ मिलते हैं? और कहाँ मिलता है वह वासेपुर और धनबाद, जिसमें इस तरह खुलेआम खून-खराबा होता हो और किसी का कुछ नहीं बिगड़ता हो? बिहार-झारखंड के इस यथार्थ को डेफिनिट, परपेंडिकुलर या टेंजेंट जैसे नाम कुछ विरूप ही करते हैं और वूमनिया या रांगवा को राइटवा करने जैसे गाने उसका मजाक उड़ाते ही लगते हैं। क्योंकि जो इस इलाके को जानते हैं, उन्हें मालूम है कि 'वा' या 'या' के प्रत्ययों से बना बिहार-झारखन्ड का लोकभाषी रंग अभी इतना अंग्रेजीपरस्त नहीं हुआ है कि वह वूमनिया और रांगवा बोलने लगे।

बेशक, दिल्ली से दूर ऐसे इलाकों की अपनी विडम्बनाएँ हैं और वहाँ माफिया राज चलता भी है—लेकिन वह इतने स्थूल रूप में नहीं, जैसा इस फिल्म में दिखता

है। अनुराग ने अपने ढंग से एक मसाला फिल्म ही बनाई है, लेकिन उसमें भी हिंसा की मिर्च ज्यादा झोंकी है, बाकी मसालों की खुशबू कम है। फिल्म का कथानक इतना झीना और इकहरा है कि रोमांच स्थितियों से नहीं, दृश्यों से पैदा होता है। हिन्दी फिल्मों का पैटर्न समझते हुए हम जान जाते हैं कि फ़ैज़ल कभी न कभी रामाधीर सिंह को मार कर अपने बाप का बदला लेने में कामयाब होगा और उसे भी कोई न कोई मार डालेगा—वह अपना सगा भी हो सकता है, यह जोड़कर अनुराग ने शायद फिर मसाले में अपनी तरह का यथार्थ डालने की कोशिश की है, लेकिन अन्ततः पूरी फिल्म सिनेमाघर से निकलने के बाद याद तक नहीं रह जाती। फिल्म के बिल्कुल आखिरी हिस्से में इस पूरी हिंसा का बेमानीपन समझने वाला उदास फ़ैज़ल थोड़ी अपील पैदा करता है लेकिन वह भी टिक नहीं पाती। फिल्म में याद रह जाते हैं तो दो गीत-में 'इक बगल में चाँद होगा, इक बगल में रोटियाँ' और दूसरा 'तार बिजली से पतले हमारे पिया', लेकिन ये दोनों गीत फिल्म का मूल स्वर नहीं बनाते। वरना पूरी फिल्म दर्शकों से दो-दो बार पैसा लेने के बाद उन्हें अंधेरे में ही रखती है, न यथार्थ दिखाती है न मनोरंजन करती है।

अब आख़िरी सवाल- अनुराग कश्यप जैसा संवेदनशील निर्देशक यथार्थ और मनोरंजन की दो-दो नावों पर क्यों सवार होना चाहता है और क्यों गिर पड़ता है? शायद इसलिए कि इस दौर के फिल्मकारों के पास शिल्प और तकनीक की समझ बहुत अच्छी है, सूक्ष्मता और ब्योरों के प्रति एक ज़रूरी प्रतिबद्धता उनमें दिखती है, लेकिन वह बड़ा नजरिया, बड़ा कथानक उनके पास नहीं मिलता, जो एक बड़ी कहानी रच दे। ऐसी कहानी जो हमें बहुत गहराई तक छू ले, बहुत देर तक हमारे पीछे लगी रहे। और वह क्यों नहीं मिलता? शायद इसलिए कि सिनेमा पर पकड़ चाहे जितनी पक्की हो, इन ज्यादातर निर्देशकों में अपने समाज और जीवन की समझ बहुत गहरी नहीं दिखती। जबकि कला माध्यम से सिर्फ आकार ग्रहण करती है, प्राण वह जीवन से ही पाती है।

पीपली लाइव के बाहर का सच

अनुषा रिजवी और महमूद फ़ारूकी की बनाई 'पीपली लाइव' वाकई एक अच्छी फिल्म है। फिल्म का खरा यथार्थवाद हमारे समय के उस वक्र विद्रूप पर उँगली रखता है जिसके एक सिरे पर कर्ज और भूख के मारे किसानों की मजबूरी है तो दूसरे सिरे पर एक संवेदनहीन तन्त्र की निहायत स्वार्थी मुद्रा। इलेक्ट्रॉनिक मीडिया के टुच्चेपन और भारतीय राजनीति के ओछेपन के घालमेल का यह स्याह-सफेद चित्रण भारतीय मध्यवर्ग का देखा-बनाया और किसानों का भोगा हुआ यथार्थ है—इतना जाना-पहचाना कि फिल्म देखकर निकलने वाले आम दर्शकों की पहली प्रतिक्रिया यही होती है कि वे फिल्म नहीं, सच्चाई देख रहे थे। इसमें शक नहीं कि फॉर्म के स्तर पर भी निर्देशकों ने इस सच्चाई में न्यूनतम कला फेंटते हुए फिर यह याद दिलाया है कि महान कला वही होती है जो जीवन के सबसे करीब होती है।

लेकिन कम से कम दो बातें इस फिल्म में खटकती हैं। दुर्भाग्य से इन दोनों का वास्ता फिल्म की मूल कथा से है। एक तो यह कि यह फिल्म भारतीय राजनीति का, भारत के नीति-निर्माताओं और नियन्ताओं का काफी सपाट और इकहरा चित्रण करती है। वे मतलबी हैं, वे बेईमान हैं, वे बेमानी घोषणाएँ करते हैं, उन्हें किसानों की नहीं, अपने चुनावों की परवाह है—यह सब पूरी तरह सच है, और यह सच इतना प्रत्यक्ष है कि जब फिल्म में सपाटपन के साथ भी आता है तो दर्शक इसे बेहिचक स्वीकार कर लेता है।

लेकिन इस इकहरे सच के पीछे दूसरी और कहीं ज्यादा बड़ी विडम्बना छुपी रह जाती है। जो लोग इस देश में संजीदा राजनीति करते हैं, जो अपने जानते देश की तरक्की के लिए नीतियाँ बनाते हैं, वे भी असल में गरीबों और किसानों के विरोधी हैं। बीते 20 साल में जो अबाध उदारीकरण अपने साथ कारोबार और रोजगार की अगाध सम्भावनाएँ और एक नयी आधुनिक जीवनशैली लेकर प्रगट हुआ है, जिसने इन वर्षों में भारतीय मध्यवर्ग का चेहरा और चरित्र लगभग पूरी तरह बदल डाला है, उसका एक उपनिवेशवादी स्वरूप भी है जो नत्था जैसे किसानों की नियति में दिखता है।

यह बात फिल्म में अलक्षित रह जाती है तो इसलिए कि यह फिल्म इस विडम्बना पर नहीं, उस दूसरी विडम्बना पर है जो इस नये दौर का नया मीडिया बना रहा है। लेकिन यहाँ भी संकट वही है। नत्था की खुदकुशी के लाइव प्रसारण के लिए इकटठा

हुए इलेक्ट्रॉनिक मीडिया का यह व्यावसायिक टुच्चापन इतना जाना-पहचाना है कि वह अपने अतिरेकों में भी विश्वसनीय लगता है। लेकिन इस टुच्चेपन से पैदा होने वाला और कुछ तमाशबीन और टीआरपी जुटाने के अपने इकलौते लक्ष्य के साथ बनाया और मिटाया जाने वाला यह तमाशा बेमानी चाहे जितना हो, उतना खतरनाक नहीं है जितना इस टुच्चेपन से अलग, खुद को संजीदा बताने वाला मीडिया-उपक्रम है। क्योंकि वह भी अपनी गम्भीरता में, उस ज्यादा बड़ी सच्चाई को सामने लाने से बचता है जिसका वास्ता इस देश में मजबूत हो रहे एक नये साम्राज्यवाद से है—दुर्भाग्य से यह नव साम्राज्यवाद पहले की तरह सिर्फ अमेरिकी या पश्चिमी साम्राज्यवाद नहीं है, अब इसके ठेठ देसी एजेंट हैं जो एक बड़े और अविकसित भारत की छाती पर पाँव रखकर एक छोटा-सा चमकता-दमकता भारत बना रहे हैं।

निश्चय ही यह सब न दिखा पाना 'पीपली लाइव' की कमजोरी नहीं है। एक माध्यम के रूप में उसकी अपनी सीमाएँ हैं। फिर वह भी एक कारोबारी फिल्म है जिसमें मुनाफे का खयाल रखा जाना है, और इसलिए भले निर्देशिका इसे छोटे सिनेमाघरों की फिल्म बनाना चाहती थीं, आमिर खान ने इसे मल्टीप्लेक्स में ही उतारा, कोक पीने और पॉपकॉर्न खाने वाले दर्शक की वाहवाही लूटी और उसकी जेब खाली कर एक और बड़ी व्यावसायिक कामयाबी अपने नाम लिखी।

बहरहाल, इस टिप्पणी का मकसद फिल्म की समीक्षा नहीं है, बस यह याद दिलाने की कोशिश है कि हमारे सारे गम्भीर या अगम्भीर, स्थूल या सूक्ष्म, उदात्त या टुच्चे उपक्रम बस एक वर्ग को सम्बोधित हैं और उसी वर्ग की दृष्टि से संचालित हैं। वह अनायास नहीं है कि जिन दिनों 'पीपली लाइव' दर्शकों की वाहवाही लूट रही थी, उन्हीं दिनों अलीगढ़ के टप्पल नाम के गाँव में किसान गोलियाँ खा रहे थे। ये महाराष्ट्र और आन्ध्र प्रदेश के वे किसान नहीं थे जो कर्ज और मजबूरी में आत्महत्या कर रहे हों। ये पश्चिमी उत्तर प्रदेश के खाते-पीते किसान थे जो विकास के नाम पर अपनी लहलहाती फसलों वाली ज़मीन छोड़ने को तैयार नहीं थे। सरकार ने पहले कुछ जमीन एक शानदार एक्सप्रेस हाइवे बनाने के नाम पर हथियाई और फिर बिल्डरों को देने के लिए और ज़मीन माँगी। इसी मुद्दे पर किसान अड़ गये। उनका कहना था कि रास्ते के नाम पर सस्ते में ज़मीन दे दी, लेकिन बिल्डरों के लिए वे मुँहमाँगे दाम लेंगे। लेकिन बाजार अर्थव्यवस्था पर भरोसा करने वाली और गैस-पेट्रोल तक की कीमतों को बाजार के हवाले कर देने में विश्वास रखने वाली सरकारों को यह गवारा नहीं हो रहा कि किसान अपने पुरखों की ज़मीन की कीमत खुद तय करें। महत्त्वपूर्ण बात यह है कि इन गाँवों में सारे किसान जमीन बेचने को तैयार भी नहीं हैं। करोड़ों की रकम के प्रलोभन के बावजूद बहुत सारे किसानों को अहसास है कि उनकी ज़मीन ही उनकी जिन्दगी का आधार है- इससे उजड़ेंगे तो वे हमेशा के लिए उखड़ जाएँगे। उधर सरकार को भरोसा है कि देर-सबेर, कुछ

मुआवजा बढ़ाकर, कुछ डरा-धमका कर, कुछ तरह-तरह से दबाव बनाकर- जिसकी पुष्टि अभी ही गाँव वाले कर रहे हैं—वह जमीन ले लेगी और अपने मंसूबों का आशियाना बना डालेगी।

बहरहाल, 18 दिन किसानों का आन्दोलन चला, किसी ने इस पर ध्यान नहीं दिया। आखिरी तीन दिनों में मामला हंगामा और हिंसा तक पहुँचा तो राष्ट्रीय मीडिया भी टप्पल पहुँच गया-यह बताने कि टप्पल के किसानों को नोएडा और ग्रेटर नोएडा जैसा मुआवजा चाहिए। मीडिया के इस सुर में किसानों के लिए जितनी सहानुभूति थी, उससे ज्यादा सरलीकरण था जो यह देखने को तैयार नहीं था कि उत्तर प्रदेश के समग्र विकास में इन इमारती मंसूबों और उनसे लगे एक्सप्रेस हाइवे पर दौड़ सकने वाली गाड़ियों की आखिर क्या भूमिका होगी।

फिर यह सहानुभूति उस दिन तो शत्रुता में बदल गयी जब किसान टप्पल से उठकर दिल्ली चले आए। इसके बाद की खबर दिल्ली की मुश्किलों की खबर थी। उन कामकाजी लोगों की, जो वक्त पर दफ्तर नहीं जा पाये, उन बीमारों की जो समय पर अस्पताल नहीं पहुँच पाये, उन मजदूरों की, जिनकी दिहाड़ी बन्द हो गयी। शायद ही किसी चैनल ने यह सवाल पूछा कि आखिर अपना घरबार, अपने खेत-खलिहान छोड़कर किसान इस तपती-बरसती दिल्ली में क्यों आये हैं। अगर पूछा भी तो इतने हल्के अन्दाज़ में कि फ़र्ज भी पूरा हो जाए और किसी को फर्क भी न पड़े। दरअसल यह सिर्फ इकहरी या फौरी दृष्टि का मामला नहीं है, वह इस सुनियोजित उपक्रम का भी नतीजा है जिसके तहत एक ग्लोबल भारत बनाने और उसे पहचान दिलाने की कोशिश हो रही है। जब इस पहचान पर बट्टा लगता है, जब यह ग्लोबल भारतीयता शर्मसार होती है तो मीडिया अपने सबसे सख्त और तीखे रूप में दिखाई पड़ता है। इसका प्रमाण कॉमनवेल्थ खेलों की रोज ली जाने वाली खबर है। इसमें शक नहीं कि कॉमनवेल्थ खेलों की अराजक तैयारी और उसमें छुपे भ्रष्टाचार की पोल हाल के दिनों में मीडिया की सबसे बड़ी उपलब्धि है। लेकिन यह अराजकता और भ्रष्टाचार सिर्फ कॉमनवेल्थ खेलों में नहीं, हमारी सारी योजनाओं में—चाहे वह नरेगा या मनरेगा के निहायत कल्पनाविहीन संक्षिप्तीकृत नाम से पुकारी जाने वाली राष्ट्रीय ग्रामीण रोजगार गारंटी योजना हो या फिर कोई दूसरी कल्याणकारी योजना- हर जगह मौजूद है।

बहरहाल, कॉमनवेल्थ खेलों के भ्रष्टाचार और उनकी आधी-अधूरी तैयारी के पीछे मीडिया की केन्द्रीय चिन्ता बस यही है कि दुनिया के सामने देश की बदनामी न हो। कॉमनवेल्थ खेल अच्छे से हो जाएँ, यह चिन्ता मीडिया के अलावा इस देश के प्रधानमन्त्री मनमोहन सिंह और यूपीए की अध्यक्ष सोनिया गाँधी तक को है जिनका कहना है कि खेल निबट जाए तो फिर वे भ्रष्टाचारियों से निबटेंगे। लेकिन कम लोग यह पूछ रहे हैं- और मणिशंकर अय्यर जैसे जो लोग यह पूछ रहे हैं उनके पीछे उनका

निजी स्वार्थ और उनकी सनक खोजने की कोशिश ज्यादा हो रही है- कि आखिर 70,000 करोड़ की लागत से होने वाले ये कॉमनवेल्थ खेल देश को क्या देंगे।

इतना ही जरूरी सवाल यह है कि कॉमनवेल्थ खेलों की आखिर हैसियत क्या है। ओलम्पिक खेलों की एक अहमियत समझ में आती है कि वे तनावों और युद्धों से भरी बीसवीं सदी की तार-तार दुनिया को हर चार साल पर जोड़ने का काम करते रहे। जब सारे पुल टूटते से लगे, उन्होंने खेलों के पुल बनाये रखे। एशियाई खेल भी उभरती हुई एशियाई अस्मिता के अपने सपने की तरह रहे जिनके आँकड़ों में लोगों की दिलचस्पी रही। लेकिन कॉमनवेल्थ खेल तो एक बीती हुई दुनिया की थकी हुई दोयम दर्जे की प्रतियोगिता का नाम है जिसकी स्मृति शायद ही किसी को रहती हो। हमें ओलम्पिक और एशियाड का इतिहास मालूम है, कॉमनवेल्थ खेलों का नहीं- इसलिए नहीं कि उसमें खेल ऊँचे दर्जे के नहीं होते, बल्कि इसलिए कि कॉमनवेल्थ इस नयी दुनिया में एक अप्रासंगिक हो चुकी संज्ञा है जिसका भार हमारी तरह के दृष्टिहीन देश ही ढोने को तैयार हैं। अब धीरे-धीरे यह बात भी खुल रही है कि इन कॉमनवेल्थ खेलों के आयोजन का अधिकार लेने के सिलसिले में हैमिल्टन को मात देने के लिए दिल्ली ने झूठ भी बोले- कहा कि इन खेलों के लिए जो खेलगाँव बनाया जाएगा, उसे बाद में दिल्ली विश्वविद्यालय के छात्रावास में बदला जाएगा। यह आधिकारिक घोषणा अब न जाने किन फाइलों में बन्द है और खेलों के बाद खेल गाँव के फ्लैट बेचने की तैयारी चल रही है।

बहरहाल, बात पीपली लाइव से शुरू हुई थी। अपनी सीमाओं के बावजूद वह एक बड़ी फिल्म है—क्योंकि यह बताती है कि तन्त्र की मजबूरी और मीडिया के तमाशे के बीच नत्था अपनी जमीन से उजड़ कर आखिरकार गुड़गाँव में मजदूरी करने को मजबूर है—शायद वह भी किसी कॉमनवेल्थ परियोजना का हिस्सा हो जिसे किसी तरह पूरा कर हमारा यह तन्त्र दुनिया की वाहवाही लूटने को बेताब है—और भीतर-भीतर इस बात से खुश कि कॉमनवेल्थ के नाम पर मचे लूटतन्त्र का एक बड़ा हिस्सा पहले से ही उसके गुमनाम खातों में पहुँच चुका है। समझने की जरूरत यह है कि भारत अब भी उपनिवेशवादी ताकतों का शिकार बना हुआ है—पहले ये ताकतें इंग्लैंड की नुमाइंदगी करती थीं, अब इण्डिया का प्रतिनिधित्व करती हैं।

ऑल इज़ नॉट वेल

आमिर खान की फिल्म 'थ्री इडियट्स' एक अच्छी फिल्म है। लेकिन अगर इस फिल्म को भारतीय शिक्षा नीति की ऐसी दूरदर्शी आलोचना की तरह पढ़ा जा रहा है जिस पर पहले किसी की नज़र न पड़ी तो इसके पीछे लोगों का अज्ञान ज्यादा है, फिल्म की उत्कृष्टता कम। अन्यथा हाल के वर्षों में भारत में—और दुनिया भर में भी शिक्षा को लेकर जो बुनियादी बहसें चल रही हैं, वे इस फिल्म से काफी आगे की हैं। यही नहीं, चेतन भगत के जिस उपन्यास 'फाइव प्वाइंट समथिंग' से इस फिल्म की मूल कथाभूमि ली गयी है, वह अपनी साधारणता के बावजूद कम से कम इस शिक्षा नीति की ज़्यादा खरी आलोचना करता है। फिल्म जहाँ यह दिखाती है कि एक वैज्ञानिक शिक्षण संस्थान में शिक्षा की यान्त्रिकता से नाराज़ नायक फिर भी अपनी प्रतिभा के दम पर टॉप करता है, वहीं उपन्यास बताता है कि वह नायक अपनी प्रयोगशीलता के बावजूद अंकों के लिहाज कभी औसत से ऊपर नहीं जा पाता। जाहिर है, आमिर खान की फिल्म शिक्षा नीति में नहीं, लोगों के दृष्टिकोण में खोट देखती है, जबकि चेतन भगत का उपन्यास ज्यादा ईमानदारी से बताता है कि इस यान्त्रिकता के नुकसान कितने गहरे हैं।

बहरहाल, यह टिप्पणी 'थ्री इडियट्स' की समीक्षा के लिए नहीं लिखी जा रही है। इसका मकसद सिर्फ इस तथ्य की तरफ ध्यान खींचना है कि हाल के दिनों में भारत का बौद्धिक मानस किस हद तक उस सतही बॉलीवुड से आक्रान्त है जिसका नब्बे फीसदी हिस्सा खुद हॉलीवुड की फूहड़ नकलों में बीतता है और 10 फीसदी सयानी और बारीक नकलों में। इसके बावजूद देश की हर सार्वजनिक और जरूरी बहस में बॉलीवुड का अतिक्रमण जैसे अनिवार्य मान लिया गया है।

इस अतिक्रमण की ताजा मिसाल जयपुर में हुआ लेखक सम्मेलन है जहाँ एक तरफ नोबेल विजेता लेखकों का स्वागत होता रहा तो दूसरी तरफ गुलज़ार, जावेद अख्तर, शबाना आज़मी और प्रसून जोशी जैसी शख्सियतें खबरें बनाती रहीं। निश्चय ही इन चारों में गुलज़ार एक बेहतर लेखक हैं और उनके फिल्मी कामकाज के बाहर भी उनके रचनात्मक लेखन का एक बड़ा हिस्सा ऐसा है जो अपने बिम्बों की ताज़गी और अर्थों की नव्यता से अभिभूत करता है। लेकिन गुलज़ार को भले हो, किसी और को यह भ्रम नहीं होगा कि गुलज़ार के लेखन की उत्कृष्टता जयपुर के लेखक सम्मेलन में उनकी मौजूदगी का सबब थी, यह दरअसल गीतकार के रूप में

उनकी प्रसिद्धि है जो उनके लिए सारे मंच लूट कर ला रही है। फिर गुलज़ार को छोड़ दें तो जावेद अख्तर और शबाना आज़मी या फिर प्रसून जोशी का साहित्यित अवदान क्या है, और ऐसे सम्मेलन में उनकी उपस्थिति की पात्रता कितनी है, यह बात बहसतलब भी नहीं रह जाती। इसी तरह ओम पुरी और उनकी पत्नी नन्दिता पुरी भी बस अपनी फिल्मी हैसियत की वजह से सम्मेलन में मौजूद थे।

इस अतिक्रमण की एक और मिसाल इस गणतन्त्र पर दिये गये पद्म सम्मान हैं। जानकीवल्लभ शास्त्री जैसे बुजुर्ग और महत्त्वपूर्ण हिन्दी लेखक को जो पद्मश्री मिलती है, वही सैफ अली खान को दी जाती है। आमिर खान भी पद्मभूषण ले जाते हैं।

पद्म सम्मानों की ऐसी और भी विसंगतियाँ गिनायी जा सकती हैं, लेकिन इनकी वजह एक ही है। इनके नियामक वे लोग हैं जो भव्यता से अभिभूत अंग्रेजीपरस्त और संस्कृतिविहीन उस तबके से आते हैं जिसके लिए सबकुछ सजावट और इसलिए दिखावे का सामान है।

इन आयोजनों और पुरस्कारों को छोड़ दें तो भी नर्मदा आंदोलन से लेकर हॉकी खिलाड़ियों के आर्थिक संकट तक और वन्दे मातरम से लेकर समलैंगिकता तक पर बॉलीवुड जिस बेबाकी और आत्मविश्वास से राय जताता है और जिस निष्ठा से हमारे समाचार माध्यम उन्हें जगह देते हैं, उसे देखकर हैरानी और कोफ्त दोनों होती है। निश्चय ही बॉलीवुड को किसी मुद्दे पर अपनी राय रखने का अधिकार है। यह राय जितनी सुविचारित और स्पष्ट होगी, उतना ही अच्छा होगा, क्योंकि फिर इसका असर उसकी फिल्मों पर भी पड़ेगा जिनकी- दुर्भाग्य से-भारतीय जनमानस तक बहुत गहरी पहुँच है। दरअसल 'थ्री इडियट्स' या 'तारे जमीं पर की कामयाबी या इनसे पैदा हुई बहसें आमिर खान की बौद्धिक गहराई से ज्यादा उनकी सामाजिक लोकप्रियता का प्रमाण हैं। 'मुन्नाभाई लगे रहो' या 'चक दे इण्डिया' से पैदा हुआ स्पंदन भी दूसरे कलाकारों के लिए ऐसे ही प्रमाण सुलभ कराता है।

इस लोकप्रियता को समाचार माध्यम भुनाना चाहें, यह समझ में आता है क्योंकि उनका खेल बिक्री और कारोबार से जुड़ा है लेकिन यह लोकप्रियता जिस तरह हमारे समूचे साहित्यिक-सांस्कृतिक पर्यावरण पर छा गयी है, इससे कुछ डर सा लगता है। लगता है, जैसे हम एक ग्लैमर आक्रान्त समय में रह रहे हैं जहाँ एक बाज़ारू बौद्धिकता चीजों का मूल्य तय कर रही है। अगर वह बाज़ारू न होती तो लोकप्रियतावाद से इस कदर अभिभूत न होती।

इस बात को कुछ आगे बढ़ाने से बात ज़्यादा खुलेगी। जयपुर के लेखक सम्मेलन में हिन्दी लेखकों की आवाज़ मद्धिम -लगभग गुम है। इसकी एक सरल और लोकप्रिय व्याख्या यह की जा सकती है कि जब हिन्दी का लेखक हाशिए पर है, जब उसकी किताबें नहीं पढ़ी जा रहीं, जब वह अपने समाज में पहचाना नहीं जा रहा तो उसे किसी सम्मेलन में क्यों होना चाहिए?

लेकिन सवाल है कि क्या हिन्दी लेखन इसलिए हाशिए पर है कि वह खराब लेखन है? या उसमें अपने समय की अनुगूँजें नहीं हैं? या वह अपने लोगों से संवाद नहीं करता?

हकीकत इससे ठीक उल्टी है। आज की तारीख में हिन्दी लेखन किसी भी दूसरी भारतीय भाषा—जिनमें अंग्रेजी भी शामिल है-से कहीं ज्यादा अपने समाज की विश्वसनीय तस्वीर पेश करता है। यही नहीं, विचार और संस्कृति से जुड़े मसलों पर उसकी राय कहीं ज्यादा आधुनिक और प्रामाणिक है। हिन्दी कविता अन्तरराष्ट्रीय स्तर की कविता है और हिन्दी का गद्य लेखन भी इस समय के सबसे मुश्किल सवालों को रखता है। सच तो यह है कि इस बाज़ार आक्रान्त समय में बाजार के विरोध में और कमजोर आदमी के हक में सबसे ज्यादा अगर कोई अनुशासन खड़ा है तो वह हिन्दी साहित्य है। बल्कि कई बार लगता है कि बाजार उसे अपने विरोध की सज़ा दे रहा है, उसके आर्थिक पुरानेपन के लिए उसका मज़ाक बना रहा है।

दरअसल इस कोण से देखें तो समझ में आता है कि फिलहाल बाजार एक बड़ी नियामक शक्ति है जिसने भारत में अपना एक समाज बना लिया है और उसके बुद्धिजीवी भी खड़े कर लिए हैं। दुनिया भर में घूमते और दुनिया भर का पढ़ते ये बुद्धिजीवी मौलिक होने का भ्रम पैदा करते हैं, लेकिन असलियत उनकी उसी बॉलीवुड जैसी है जिसका सारा वैचारिक कच्चा माल बाहर से आता है। चालू हिन्दी और चालू अंग्रेजी जानने वाली और राजनीतिक तौर पर सही और सामाजिक तौर पर आधुनिक लगने वाली लाइन लेने वाली यह बौद्धिकता ही सारे आयोजन और सारे मंच छेक कर बैठी दिखाई पड़ती है। जो नया बन रहा समाज है, वह इस बाज़ार के प्रति कृतज्ञ है क्योंकि वह उसे ऊँची सैलरी और आला जीवन शैली देता है। जो लोग जीवन या विचार में, लेखन या सरोकार में इस बाज़ार से बाहर हैं, पुराने ढंग के कपड़े पहनते हैं या देसी ढंग से सोचते हैं, वे उपेक्षणीय ही नहीं, उपहासास्पद भी हैं- यह अहंकारी मान्यता इस बाज़ारवादी बौद्धिकता में कूद-कूट कर भरी दिखाई देती है। इस मान्यता के समान्तर लोकतन्त्र और अर्थनीति की आड़ में यथास्थितिवाद बनाए रखने की वह चालाकी छुपी नहीं रह पाती जिसका मकसद एक बड़े समाज को और उसकी भाषाओं को ऐसे बड़े आयोजनों से काटे रखना है।

असल में यह चमकता-दमकता भारत ही है जो कभी 'थ्री इडियट्स' देख कर अपनी जाला लगी आला डिग्रियों पर सन्देह करता है और 'चक दे इण्डिया' देखकर भारत का मतलब समझने की कोशिश करता है। उसे अच्छी किताबें पढ़ने की आदत नहीं, जरूरी बहसों में शामिल होने की फुरसत नहीं। फिल्में उसकी बौद्धिक खुराक पूरी करती हैं और कुछ बचा रह जाता है, उसे देने के लिए उसका एक छोटा-सा बौद्धिक समाज है जो अपनी साहित्यिक गोष्ठियों में जावेद अख्तर और ओम पुरी को पाकर हर्षित होता है और अभिभूत होने के लिए विदेश से लेखक बुलवाता है।

अफसोस कि इसी बाजार का, और इससे निकले बौद्धिक तबके का सारे संसाधनों पर कब्ज़ा है, वह हिन्दी के एक छोटे से तबके की कूपमंडुकता को हिन्दी भाषी समाज के सार्वभौमिक सत्य की तरह पेश कर साहित्य, कला, संस्कृति और विज्ञान पर अपने एकाधिकार को जायज ठहराता है। वह किसी आमिर खान या शाह रुख खान या नंदिता दास या ओम पुरी के बगल में बैठकर इतराता है और इस बात पर मुग्ध रहता है कि उसके कितने बड़े-बड़े लोगों से सम्पर्क हैं।

ये साली फिल्में : ये साली ज़िन्दगी

पिछले दिनों सुधीर मिश्र निर्देशित फिल्म 'यह साली ज़िन्दगी' देखते हुए दो फिल्में अलग-अलग वजहों से याद आती रहीं- शेखर कपूर की 'बैंडिट क्वीन' और रामगोपाल वर्मा की 'सत्या'। ये दोनों वे फिल्में हैं जिन्होंने व्यावसायिक फिल्मों के छिछलेपन और समान्तर फिल्मों के कलावाद से दूर यथार्थ का एक झनझना देने वाला चेहरा प्रस्तुत किया- ज़िन्दगी की सड़कों से जैसे जिन्दगी का टुकड़ा उठाकर उसे उसके पूरे खुरदुरेपन, उसकी पूरी खरोंच, उसकी पूरी क्रूरता के साथ दर्शकों के सामने रख दिया। निश्चय ही यह एक बड़ा अनुभव था, जो यह समझने में मदद करता था कि जिन्दगी जब अपनी सच्चाइयों के साथ खुलती है तो वह कितनी क्रूर होती है और कला के सांचों को किस कदर तोड़फोड़ देती है। यह शेखर कपूर जैसे निर्देशक की ही सूझबूझ थी कि उसने फूलन देवी को नग्न करने का दृश्य ज्यों का त्यों प्रस्तुत किया, लेकिन कहीं भी उसे कारोबारी या तथाकथित कलात्मक शक्ल देने की कोशिश नहीं की। हिन्दी फिल्मों में यथार्थ से आँख मिलाने वाले ऐसे दृश्य और याद नहीं आते।

लेकिन क्या कला या सम्प्रेषण के किसी माध्यम की सार्थकता सिर्फ इसी बात में है कि वह जिन्दगी को जिन्दगी की तरह रख दे? क्या यथार्थवाद इतनी बड़ी चीज़ है कि उसके लिए सिनेमा जैसे माध्यम में हर दृश्य को प्रामाणिक बनाना ज़रूरी हो जाये? यह सवाल मेरे भीतर 'बैंडिट क्वीन' की नायिका सीमा बिस्वास का एक साक्षात्कार पढ़ते हुए उठता रहा। सीमा विस्वास ने बताया था कि फिल्म में वह नग्न दृश्य उसने नहीं, एक ऐसी लड़की ने किया था जिसे अपने भाई के इलाज के लिए पैसों की जरूरत थी। सीमा ने बड़ी ईमानदारी से बताया कि वह सिहरती हुई उस लड़की के साथ बैठी रही, उसे हिम्मत देने की कोशिश करती रही। यानी अपनी एक कलात्मक अभिव्यक्ति में यथार्थ का पुट डालने के लिए शेखर कपूर ने एक लड़की की मजबूरी का इस्तेमाल किया। इस घटना से जुड़ी नैतिक बहस को फिलहाल छोड़ दें, लेकिन तब जो सवाल मेरे भीतर उठा था, वह यह था कि अगर कल को कोई निर्देशक किसी फिल्म में बलात्कार के भयावह अनुभव को चित्रित करना चाहे तो क्या उसे यह छूट होगी कि वाकई किसी लड़की का बलात्कार करवाए? जाहिर है, जिन्दगी अपने अच्छे-बुरे दोनों तरह के अनुभवों में इतनी बड़ी होती है कि माध्यम

उसके आगे छोटे पड़ जाते हैं। यह माध्यमों की चुनौती है कि वह अपने छोटे से साँचे में जिन्दगी और ज़माने की बड़ी हकीकत को कैसे ढाल लें। दरअसल यही चुनौती किसी लेखक, चित्रकार, कलाकार, या फिल्मकार को बड़ा बनाती है।

शेखर कपूर की फिल्म 1994 में आई थी। करीब 16 बाद अगर इस फिल्म के खुरदरे यथार्थ की सीमा को याद करने की जरूरत महसूस हो रही है तो इसलिए कि अचानक हाल के दिनों में ऐसी कई फिल्में चली आयी हैं जिनमें इस यथार्थ को चित्रित करने के नाम पर बहुत स्थूल किस्म के उपायों की मदद लेने का चलन बढ़ा है। 'यह साली जिन्दगी' में बार-बार दी जाने वाली गालियाँ इसी स्थूल चित्रण का एक उदाहरण है। याद करना चाहें तो इसके पहले 'ओंकारा', 'स्लमडॉग मिलिनेयर', 'पीपली लाइव' और 'नो वन किल्ड जेसिका' तक में गालियों का खूब इस्तेमल हुआ है।

निश्चय ही इन गालियों की अपनी कैफियत मुमकिन है। जिस समाज की कहानियाँ इन फिल्मों में कही गयी हैं, उसमें गालियाँ आम हैं और अगर किसी दर्शक के कान ऐसी गालियों से तपते हैं तो उसे ये फिल्में देखने का ढंग नहीं है। यानी कहा जा सकता है कि बाकी चीज़ों की तरह गालियों का भी अपना एक सामाजिक पक्ष है और एक कला माध्यम में उन्हें भद्रता या कुलीनता के नाम पर खारिज करना एक सतही शुद्धतावाद का प्रदर्शन भर करना है।

मगर जिस तरह शुद्धतावाद सतही हो सकता है, उसी तरह उसका फूहड़ अतिक्रमण भी सतही हो सकता है। अगर गालियों का अपना कोई समाजशास्त्र होता है तो यह समझना जरूरी है कि ये गालियाँ क्या सम्प्रेषित करती हैं। यह सिर्फ इत्तिफाक नहीं है कि यह सारी की सारी गालियाँ मूलतः मर्दवादी गालियाँ है और इनके निशाने पर औरत है। जाहिर है, ये गालियाँ उस सामन्ती और मर्दाना ऐंठ से निकली हैं जिसमें औरत हिकारत और गाली की चीज़ है और भदेस समाज ने उन्हें इसलिए अपनाया कि उससे वह अपने आम तौर पर पिटे और जख्मी वजूद पर इसी सामन्ती ऐंठ का लेप लगाना चाहता है। अनजाने में ही-ये सारी गालियाँ हताशा और क्रोध के लम्हों में निकलती हैं।

लेकिन हिन्दी फिल्मों के निर्देशक इन्हें क्यों अपना रहे हैं? 'नो वन किल्ड जेसिका' की पत्रकार या फिर जेसिका लाल जब गाली बकती है तो वे अस्वाभाविक और फूहड़ ही नहीं, कमज़ोर और कातर भी लगती हैं। 'पीपली लाइव' के नत्था की गालियाँ एक बार तो उसकी हताशा दिखाती हैं, लेकिन बाद में ऐसी रीतिबद्धता पैदा करती हैं जिसमें दर्शक को मालूम है कि उसे गालियाँ सुनने की मिलेंगी और उसका ध्यान भटकेगा।

'यह साली जिन्दगी' जिस माहौल को रचती है और जिस तरह रचती है, उसे देखते हुए रामगोपाल वर्मा की फिल्म 'सत्या' याद आती है। 1998 में आई इस

फिल्म ने शायद पहली बार बताया कि अंडरवर्ल्ड उतना हसीन और चमकीला नहीं होता जितना हिन्दी फिल्मों में दिखाई पड़ता है। दरअसल यह 'सत्या' का ही फार्मूला है जिसे अंडरवर्ल्ड या अपराध कथाओं से जुड़ी फिल्मों के निर्देशकों ने बाद में अपनाया। सुधीर मिश्र भी यही काम करते हैं और उसमें अपनी तरफ से यथार्थ की छाँक डालने के नाम पर कुछ ज्यादा गालियाँ डाल देते हैं- जाहिर है, इसमें जितना माहौल और किरदारों की गलाज़त झाँकती है, उतनी ही निर्देशक की भी। क्योंकि यह छुपा नहीं रह पाता कि शिल्प या ट्रीटमेंट के स्तर पर बिल्कुल यथार्थ को उतारने की ज़िद करने वाला निर्देशक एक ऐसी फिल्म बना रहा है जो अपने कथ्य में बहुत हद तक रोमानी है और नकली भी। आखिर अपने प्रेम के लिए, अपनी दीवानगी के लिए जान की बाज़ी लगाने वाले नायकों की कहानी कम से कम हिन्दी फिल्मों में नयी नहीं है। इरफ़ान दरअसल चित्रांगदा सिंह के लिए वही करते हैं जो मुगले आजम में दिलीप कुमार ने कभी मधुबाला के लिए और बाद में न जाने किन-किन फिल्मों में किन-किन कुमारों ने किन-किन बालाओं के लिए किया है। मुश्किल यह है कि फिल्म में कहीं भी इस रोमानियत को आधार और बल देने वाली गहराई नहीं है। न इरफान वैसे जुनूनी दिखते हैं न चित्रांगदा वैसी किरदार जो किसी शख्स के भीतर दीवानगी पैदा कर दे।

कहा जा सकता है कि सिर्फ फिल्म में नहीं, सारी विधाओं में कहानी नयी नहीं होती है, उसके कहने का ढंग नया होता है। सुधीर मिश्र या हाल के कई निर्देशकों ने इस लिहाज से अपना एक यथार्थवादी मुहावरा बनाया है, लेकिन मुश्किल यही है कि इस मुहावरे में स्मार्टनेस जितनी है, गहराई उतनी नहीं है। नतीजा यह होता है कि इनकी फिल्में सिनेमाघर से निकलते ही ख़त्म हो जाती हैं। वे हमारे भीतर ऐसी मार्मिकता या टीस नहीं छोड़ जातीं जिसकी वजह से हम बाद में फिल्म को याद करें।

सवाल है, ऐसा क्यों है? क्या इसका कुछ वास्ता उस ट्रीटमेंट से भी है जिसमें समाज का भदेसपन या अंडरवर्ल्ड का ख़ौफ़नाक तन्त्र सिर्फ गालियों में खुलता है? इसका कोई साफ जवाब मेरे पास नहीं है। लेकिन एक बात यह दिखती है कि मौजूदा दौर के ज्यादातर निर्देशक—निश्चय ही सुधीर मिश्रा नहीं- अंग्रेजी माहौल की देन है। वे बड़ी आसानी से गालियों का इस्तेमाल कर लेते हैं क्योंकि जिस भाषा और समाज में ये गालियाँ चलती हैं, उससे वे बहुत दूर खड़े हैं। बल्कि इन गालियों की मार्फत वे साबित करते हैं कि वे भारतीय समाज को और भारतीय भाषाओं को करीब से जानते हैं।

दुर्भाग्य से लगता यह है कि वे सिर्फ गालियों से ही समाज और भाषा को जानते हैं। वरना यथार्थ की इतनी जिद्दी तस्वीर उतारने वाले निर्देशक ऐसे लापरवाह नहीं होते कि अपनी फिल्मों में भाषा की लापरवाह भूलें छोड़ दें। 'नो वन किल्ड जेसिका'

में एनडीटीवी पर चल रही ख़बरों के साथ इस्तेमाल किये गये वाक्य इतने अशुद्ध हैं कि थोड़ी हिन्दी जानने वाला दर्शक भी कोफ्त से भर उठता है। यही हाल कई दूसरी फिल्मों में की गयी पैराडबिंग के दौरान दिखाई पड़ता है।

दरअसल हमारा हिन्दी फिल्मोद्योग- जिसे अब हॉलीवुड की नकल पर बॉलीवुड कहलाने में कोई शर्म या दुविधा महसूस नहीं होती- लगातार अपने समाज से कट रहा उद्योग है। इस दौर की ज्यादातर फिल्मों में दिखने वाला समाज और समय या तो यूरोप-अमेरिका का सपना देख रहे उच्च मध्यवर्गीय भारत का समाज और समय है या फिर गालियों और अपराध कथाओं से भरा ऐसा भदेस समाज और समय, जिसे पेश करके कोई निर्देशक अपने यथार्थवादी और अच्छा होने का सर्टिफिकेट हासिल कर सके। इस दौर के निर्देशकों में इस समाज की बेहतर समझ होती तो शायद उनकी फिल्में निरी यथार्थवादी फिल्में न होकर ऐसी मानवीय फिल्में भी हो पातीं जिनके माध्यम से हम अपने समाज को कहीं ज्यादा बेहतर ढंग से पहचान पाते। कहीं ज्यादा कायदे से समझ पाते कि यह साली जिन्दगी कुछ लोगों और तबकों के लिए इतनी बेरहम और क्रूर क्यों है।

इन गालियों का एक करुण पहलू वह संवेदनहीनता है जो औरत को लेकर हमारे समाज और समय में बढ़ी है। यह द्वंद्व अजीब-सा है कि जिस दौर में औरत सबसे ज्यादा आजाद हुई है, उसी दौर में उसे सबसे ज्यादा देह में बदला जा रहा है- सिनेमा में भी और समाज में भी। कारोबारी फिल्मों में यह मुन्नी की बदनामी और शीला की जवानी के बहाने होता है और तथाकथित यथार्थवादी धारा की फिल्मों में गन्दी गालियाँ के खुलेआम इस्तेमाल के जरिए। भदेस पश्चिमी उत्तर प्रदेश इस औरत को अकेली पाकर उसके साथ बलात्कार करता है और सम्भ्रान्त-सुशिक्षित जवाहरलाल नेहरू विश्वविद्यालय उसके एमएमएस बनाकर बाँटता है। जैसे सारा खेल इस बात का हो कि यह साली औरत काबू में रहे।

यथार्थवाद का इकहरापनः डेल्ही बेली

क्या कला की सार्थकता जीवन को ज्यों का त्यों प्रस्तुत कर देने में है? चेखव की एक प्रशंसा यह की जाती है कि वे अपनी कहानियों में स्लाइस ऑफ लाइफ, यानी जीवन का टुकड़ा जैसे पूरा का पूरा उठा कर रख देते थे। लेकिन क्या यह जीवन को ज्यों का त्यों चित्रित कर देने की खूबी भर थी, जिसने चेखव को इतना बड़ा कथाकार बनाया? निश्चय ही चेखव का बड़प्पन इस तथ्य में निहित है कि वे जीवन के टुकड़े के भीतर मौजूद उस स्पन्दन तक पहुँच जाते थे जो उस टुकड़े को मानी देता था, उनकी कहानी को अर्थ देता था। उनकी कहानी में दिखने वाले चाबुक किरदारों की पीठ पर नहीं, पाठकों की आत्मा पर पड़ते थे। वे घटनाओं या दृश्यों को ज्यों का त्यों प्रस्तुत करके अपना काम पूरा नहीं मान लेते थे, ये उनमें छिपी हुई बहुत तीखी विडम्बनाओं को, बहुत बारीक किस्म की मनुष्यता को, जैसे उसके रेशे-रेशे को खोल कर पाठकों के सामने रख देते थे। इस लिहाज से देखें तो कला की चुनौती या सार्थकता जीवन को ज्यों का त्यों रख देने में नहीं है- वह काम तो फोटोग्राफी कही ज्यादा कायदे और सटीक ढंग से कर सकती है—वह उसके आगे जाकर उसमें छिपी अलग-अलग परतों को, पीड़ा और खुशी के अनुभवों को, रोजमर्रा के कोलाहल में खो जाने वाले अलक्षित स्पन्दनों को, सामने लाने में है।

दरअसल, कला और जीवन के बीच के इस अपरिहार्य द्वन्द्व का खयाल बीते दिनों आमिर खान प्रोडक्शंस के बैनर से बनी फिल्म 'डेल्ही बेली' देखते हुए आता रहा। महानगर के एक घर में रह रहे तीन दोस्तों की यह कहानी गालियों से भरी पड़ी है। कई दर्शकों को लग रहा है कि अगर यथार्थ का चेहरा यही है तो इसे सामने लाने में कोई हर्ज नहीं है। खुद आमिर खान मानते हैं कि उनकी फिल्म अपने इस दुस्साहसी प्रयोग की वजह से बच्चों के लिए नहीं है। उन्होंने सेंसर बोर्ड से अपनी ओर से आग्रह किया था कि उनकी फिल्म को 'ए' सर्टिफिकेट दिया जाए—यानी सिर्फ वयस्कों के लिए माना जाए। शायद यह गालियों से भरी एक फिल्म को सेंसर बोर्ड से पास कराने की युक्ति भी हो, लेकिन इसमें शक नहीं कि आमिर अपनी इस युक्ति की वजह से लोगों का ध्यान फिल्म की ओर खींचने में कामयाब रहे।

सतह पर देखें तो आमिर की बात तर्कसंगत लगती है। जीवन में अगर कुछ वीभत्स या गलीज है और कला उसे पकड़ने की कोशिश करती है तो वह उस यथार्थ से आँख चुरा कर कैसे चल सकती है? अगर दिल्ली के तीन दोस्त या उनके आसपास

के लोग अपनी बातचीत में धड़ल्ले से गाली का इस्तेमाल करते हैं तो इस पर एतराज करना एक नासमझ और डरे हुए शुद्धतावाद से ज्यादा क्या है? आखिर हिन्दी फिल्मों में गालियों के बिना भी फूहड़ दृश्यों और संवादों की भरमार रही है। आमिर ने तो बस इतना किया है कि अपनी फिल्म को एक यथार्थवादी शक्ल दी है।

लेकिन मुश्किल यह है कि शिल्प के स्तर पर आमिर जिस सख्त यथार्थवाद को अपना पैमाना बनाते हैं, कथ्य के स्तर पर उसकी बुरी तरह उपेक्षा करते हैं। आखिरकार वे फंतासी से भरी एक व्यावसायिक फिल्म बनाते ही दिखायी पड़ते हैं, जिसके लिए उन्होंने मुहावरा यथार्थवादी चुन लिया है। क्या उनकी तरह के फिल्मकार को यह याद दिलाने की जरूरत है कि कला- जिसमें फिल्म कला भी शामिल है—का शिल्प उसके कथ्य के हिसाब से ही तय होता है। जब एक फिल्मी किस्म के विषय को यथार्थवादी मुहावरे के रैपर में लपेट कर पेश करने की कोशिश की जाती है तो यह एक मिलावटी काम होता है, जिससे कामयाब फिल्म तो बन सकती है, अच्छी फिल्म नहीं बन सकती।

वैसे सच्चाई यह है कि 'डेल्ही बेली' का यह निहायत यथार्थवादी दिखने वाला शिल्प भी दरअसल अपनी समझ में बहुत इकहरा है। आमिर खान को सिर्फ यह दिखता है कि नौजवान जिस भाषा में बात करते हैं, वह गालियों से पटी पड़ी भाषा है। एक तो यह पूरा सच नहीं है—अगर किसी खास तबके के लिए हो भी तो—ज्यादा बड़ा सवाल यह है कि आखिर वह ऐसी भाषा क्यों इस्तेमाल करता है। यह लापरवाही है या बचपन से किशोरावस्था में जाते हुए मर्द दिखने की कोशिश, जो बाकी जरियों के मुकाबले कुछ मर्दाना गालियों से कहीं ज्यादा आसानी से कामयाब हो सकती है? या फिर यह कोई हताशा है, जो इन गालियों की शक्ल में फूटती है? ध्यान से देखें तो हमारे समाज- या सभी समाजों—में गालियाँ मूलतः स्त्री को, उसकी लैगिक पहचान को, उसकी यौन शुचिता को निशाना बना कर गढ़ी गयी है। उनमें सामन्ती अहंमन्यता की बू पकड़ना मुश्किल नहीं है। जो लोग गालियों को भदेस समाज की अभिव्यक्ति बताते हैं, वे भूल जाते हैं कि सामन्ती दबदबे का मारा यह भदेस समाज दरअसल अपनी हताश अभिव्यक्ति में ही गालियों का सहारा लेकर अपने लिए थोड़ा बहुत सुकून, राहत या मर्दानगी खोजने की कोशिश करता है।

मगर गालियों के इस समाजशास्त्र को भूल कर उन्हें सिर्फ यथार्थ के एक औजार की तरह इस्तेमाल करना हिन्दी फिल्मकारों का नया शगल है। 'डेल्ही बेली' से पहले हाल की कई फिल्मों, 'ये साली जिन्दगी' से लेकर 'नो वन किल्ड जेसिका' तक में ये गालियाँ खूब दिखी हैं- और हैरानी की बात यह है कि लगभग इन सारी फिल्मों में यथार्थ पर आग्रह सिर्फ शिल्प के स्तर पर है, कथ्य के स्तर पर नहीं।

यथार्थ के ज्यों के त्यों चित्रण के इस तर्क को कुछ और आगे ले जाएँ तो हमें कहीं ज्यादा असुविधाजनक सवालों का सामना करना पड़ता है। कल को हत्या या

बलात्कार के अनुभव को ज्यों का त्यों फिल्माने की कोशिश में क्या किसी निर्देशक को यह हक भी हासिल होगा कि वह बिल्कुल हिंसा और बलात्कार के वास्तविक दृश्य नियोजित करवाये?

दरअसल, कला की असली चुनौती यही होती है कि वह जीवन को उसके सारे विदूप के साथ प्रस्तुत करे, उसकी सिर्फ तस्वीर न उतारे। सिर्फ तस्वीर उतारने का नतीजा वही होता है जो आमिर खान की फिल्म में दिखाई पड़ता है—गालियाँ सुन कर लोग हँसते हैं, खुश होते हैं और फिल्म के खरेपन पर कुछ ज्यादा भरोसा कर बैठते हैं—वे उसमें निहित विडम्बना को नहीं समझते।

कहना मुश्किल है, आमिर खान का मकसद ऐसी किसी विडम्बना को पकड़ना था भी या नहीं। हो सकता है जिस कॉमिक रिलीफ की फिल्म वे बनाना चाहते हों, उसमें छौंक की तरह ये गालियाँ डाली गयी हों। लेकिन इस क्रम में जो फिल्म बनी, वह बालिग लोगों के लिए भले हो, परिपक्व दर्शकों के लिए नहीं हो पाई।

भटकी हुई नहीं, भटकाने वाली फिल्म : आरक्षण

प्रकाश झा की फिल्म 'आरक्षण' बड़ी चालाकी से बनायी गयी फिल्म है। यह फिल्म आरक्षण के पक्ष में बोलती है, लेकिन आरक्षण के विरुद्ध खड़ी हो जाती है। प्रकाश झा इस लिहाज से अपने उन विरोधियों के मुकाबले कहीं ज़्यादा सयाने निकले हैं जो फिल्म पर प्रतिबंध की माँग करते रहे और अब फिल्म देखने के बाद खामोश हैं—कही यह महसूस करते हुए कि फिल्म में तो एतराज़ लायक कुछ नहीं है। दरअसल एतराज लायक फिल्म में नहीं, फिल्म के बाहर प्रकाश झा का एक ट्वीट था जिसमें आरक्षण विरोधियों के बीच एक प्रचलित चुटकले को आगे बढ़ाया गया था। साफ तौर पर प्रकाश झा की मंशा इस ट्वीट के बहाने एक तरह की उत्तेजना पैदा करने की थी ताकि इसका फायदा फिल्म के प्रचार को मिले। कुछ हद तक उन्हें इसका फायदा मिला भी, लेकिन एक मोड़ के बाद यही प्रचार उनकी मुसीबत बन गया। लोगों के विरोध की वजह से कम से कम तीन राज्यों में फिल्म शुरू में दिखायी नहीं जा सकी जिसका सीधा असर फिल्म की कमाई पर पड़ा।

लेकिन कुल मिलाकर फिल्म ने इस विरोध के बावजूद बाद के दौर में सहानुभूति बटोरी और लोगों ने मान लिया कि फिल्म आरक्षण के विरोध में नहीं है। फिल्म की समीक्षा में आम तौर पर यह कहा जा रहा है कि 'आरक्षण' मध्यांतर तक आरक्षण की समस्या को उठाने के बाद अचानक भटक जाती है- वह कोचिंग की समस्या की तरफ मुड़ जाती है।

लेकिन क्या पकाश झा जैसा समझदार और चौकन्ना निर्देशक किसी लापरवाही में यह भूल होने देता है? फिल्म 'आरक्षण' बड़ी सावधानी से आरक्षण की व्यर्थता बताती है और फिर दूसरे हिस्से में इस समस्या का हल बताने में लग जाती है। फिल्म शुरू होती है एक दफ्तर में चल रहे साक्षात्कार से, जहाँ बहुत फूहड़ ढंग से सवाल पूछने वालों के जातिगत पूर्वग्रह दिखते हैं और बहुत ही जज़्बाती और तार्किक ढंग से पिछड़े वर्ग से आया दीपक कुमार, यानी सैफ़ अली खान उनके जवाब देता है। दीपक कुमार दरअसल फिल्म में पिछड़ी ज़मातों का नुमाइंदा है जो बड़े करीने से आरक्षण की वकालत करता है- याद दिलाता हुआ कि इस समाज में बहुत सारे लोग पिछड़े हुए हैं और उन्हें विशेष अवसरों की ज़रूरत है।

प्रकाश झा अपने इस नायक की बात तो सहानुभूति से सुनते हैं, शायद उसकी तकलीफ़ भी समझते हैं, लेकिन दवा उसे दूसरी पिलाते हैं। दीपक कुमार की तरक्की

के पीछे किसी आरक्षण का हाथ नहीं है। वह गरीब घर में पैदा हुआ है, उसने मेहनत से पढ़ाई की है और इसके बूते आगे बढ़कर आया है। अगर पिछड़ा होने के नाते कुछ अवसर उसके हाथ से छिन जाते हैं तो प्रतिभाशाली होने के नाते कई अवसर उसे मिल जाते हैं। वह अपनी प्रतिभा के बल पर अमिताभ बच्चन, यानी प्रोफेसर प्रभाकर आनन्द के कॉलेज में प्राध्यापकी हासिल करता है और बाद में एक अमेरिकी विश्वविद्यालय में छात्रवृत्ति। यानी पिछड़ा होने के नाते जिन्दगी उससे जो कुछ छीन रही है, वह उसे किसी उदार प्रिंसिपल या व्यवस्था से हासिल हो जा रहा है।

जिन्हें कुछ हासिल नहीं हो रहा, वे बेचारे वे अगड़े हैं जो मेहनत तो कर रहे हैं, लेकिन उनकी सीटें पिछड़ों को चली जा रही हैं। यह अमीर सुशान्त सेठ के साथ भी होता है और गरीब चपरासी के बेटे के साथ भी। यहाँ दोनों की किस्मत एक है। दरअसल यह है आरक्षण की असली तकलीफ, जिसकी कहानी चुपचाप प्रकाश झा बुनते चलते हैं।

लेकिन इस चालाकी से कि निर्देशक की सहानुभूति आरक्षण माँगने वालों के साथ दिखे, उसका विरोध करने वालों के साथ नहीं। जिन लोगों को 90 के दशक में चला आरक्षण विवाद याद होगा या फिर जिन्हें कुछ साल पहले मेडिकल और इंजीनियरिंग कॉलेजों में आरक्षण के सवाल पर चले आन्दोलन याद होंगे, उन्हें यह भी ध्यान होगा कि वे आन्दोलन कायदे से आरक्षण विरोधियों ने किये। आरक्षण समर्थक सड़क पर कम उतरे, क्योंकि उन्हें मालूम था कि ऐतिहासिक परिस्थितियाँ उनके साथ हैं और देर-सबेर उनका हक उन्हें मिलकर रहेगा। लेकिन प्रकाश झा अपनी फिल्म में आरक्षण समर्थकों को सड़क पर लगभग बराबरी पर उतारते हैं, उन्हें जोर-जबरदस्ती और हुड़दंग करता दिखाते हैं। शायद इसके पीछे कहीं यह मानसिकता काम कर रही है कि जो सारी व्यवस्था ठीक चल रही थी, उसे अचानक आरक्षण के सवाल ने उलट-पुलट दिया है। आरक्षण को लेकर कॉलेज के बाहर चल रहे हंगामे के बीच प्रतीक बब्बर और सैफ अली ख़ान की बहस के दौरान फिल्म फिर आरक्षण की वकालत करती नज़र आती है, क्योंकि तर्क दरअसल आरक्षण के पक्ष में ही गिरता है।

लेकिन तर्क के लिहाज से जो सही है, उसे स्वीकार करना शायद प्रकाश झा की अपनी विचारधारा के लिए मुश्किल था। इसलिए वे तर्क को नहीं काटते, कहानी में चुपचाप वे हालात रख देते हैं जिनमें आरक्षण प्रतिभा के साथ अन्याय लगे। दरअसल यह खामोश प्रतिक्रिया इसलिए है कि प्रकाश झा जितने संयत फिल्मकार हैं, उससे कहीं ज्यादा समझदार नेता हैं। उन्हें अन्दाजा है कि वे एक आरक्षणविरोधी फिल्म बना कर टिक नहीं सकते।

हालाँकि हमें प्रकाश झा से क्यों यह उम्मीद या माँग करनी चाहिए कि वे अरक्षण के पक्ष में फिल्म बनाएँ? अगर वे वाकई मानते हैं कि आरक्षण प्रतिभा का

रास्ता रोकता है और इस देश के विकास के लिए खतरनाक है तो उन्हें अपनी बात मजबूती से रखनी चाहिए और अपने माध्यम में रखनी चाहिए। मुश्किल यह है कि प्रकाश झा यह काम भी नहीं करते। वैचारिक मजबूरियों में वे यह सच देखने को तैयार तो होते हैं कि ऐतिहासिक तौर पर पिछड़ों को अवसरों से वंचित रखा गया है, लेकिन वे यह मानने को तैयार नहीं होते कि इस ऐतिहासिक भूल के परिमार्जन का सही रास्ता आरक्षण है। वे अब भी यह छूटा हुआ ऐतिहासिक मसला अगड़ों की दया या उनके विवेक पर रखना चाहते हैं। दरअसल उनकी फिल्म में सामाजिक न्याय का हल यही है—अमिताभ बच्चन का व्यक्तिवादी प्रयत्न, जिस पर मध्यांतर के बाद की पूरी फिल्म चलती है।

दुर्भाग्य से अमिताभ बच्चन का यह निजी प्रयत्न भी शिक्षा की किसी बुराई को दूर करते हुए नहीं, उसे पुष्ट करते हुए आगे बढ़ता है। अमिताभ बच्चन को इंजीनियरिंग की पढ़ाई के लिए दी जाने वाली लाखों की कैपिटेशन फीस से एतराज नहीं है। पूरी फिल्म में एक शब्द भी इस फीस के खिलाफ नहीं है। उल्टे वे अपनी मेहनत की कमाई से एक चेक काट कर एक गरीब के लिए इंजीनियरिंग की पढ़ाई का रास्ता खोलते हैं।

दूसरी बात यह कि पूरी फिल्म जैसे इस मान्यता पर टिकी है कि अच्छी कोचिंग हो जाए तो शिक्षा अच्छी होगी। स्कूली शिक्षा की नाकामी से पैदा हुई और प्रतियोगिता परीक्षाओं की तैयारी को एक यान्त्रिक अभ्यास में ढालने वाली यह कोचिंग संस्कृति शिक्षा के संसार में एक बड़ा नासूर है जिसका मकसद शिक्षा देना और दिलाना नहीं, शिक्षा के जरिए नम्बर हासिल करना और नौकरी पाना होता है। अमिताभ बच्चन शिक्षा के इस अहम पहलू को छोड़कर सिर्फ कोचिंग में रमे दिखाई पड़ते हैं। जाहिर है, उनके पास बड़ी बहसें करने की फुरसत नहीं है, उनके सामने कई प्रतियोगी परीक्षाएँ पड़ी हुई हैं जिनमें सफलता के लिए बच्चों को दिन-रात पढ़ना और खटना है।

दरअसल पूरी फिल्म इस लिहाज से एक भयानक सरलीकरण की शिकार है। व्यावसायिक कोचिंग इंस्टीट्यूट से उसकी शिकायत यह नहीं है कि वहाँ अनाप-शनाप पैसा लिया जाता है, बल्कि यही भर दिखती है कि वहाँ कायदे से पढ़ाई नहीं होती, वहाँ बच्चों के हित का खयाल रखने वाले समर्पित शिक्षक नहीं हैं। वहाँ मिथिलेश सिंह जैसे लोग हैं जो शिक्षा मन्त्री की मदद से शिक्षा की दुकानें चलाते हैं और शिक्षकों को बदनाम करते हैं।

निश्चय ही इस बिन्दु पर प्रकाश झा सही हैं। हमारी पूरी शिक्षा व्यवस्था जैसे एक माफिया तन्त्र के हवाले हैं। निजी कॉलेजों और विश्वविद्यालयों की दुकानें ऐसे लोग खोल रहे हैं जिनका शिक्षा और चरित्र निर्माण से दूर-दराज का वास्ता भी नहीं है। लेकिन प्रकाश झा इस व्यापक संकट को भी एक छोटी-सी साज़िश के तौर पर

ही पेश कर पाते हैं। वे इस बात की भी पड़ताल नहीं करना चाहते कि यह दुकानें क्यों चल रही हैं और इसके पीछे किन वर्गें की ताकत और शह है। दरअसल इस सवाल के जवाब में फिर यह कड़वी सच्चाई दिखने लगती है कि ऐतिहासिक तौर पर जो वर्ग सामाजिक अन्याय के जिम्मेदार रहे हैं, वही मौजूदा समय में भी उस अन्याय और असमानता को बनाये रखने की कवायद में जुड़े हैं। महंगी शिक्षा और कोचिंग की व्यवस्था इस सामाजिक अन्याय को बनाए रखने के नये उपकरण हैं जिनके आगे आरक्षण भी विफल हो जाता है।

लेकिन इस बात को भूल कर प्रकाश झा कोचिंग के धन्धे को आरक्षण की काट की तरह देखते हैं। फिल्म से यही समझ में आता है कि कोचिंग अपने-आप में बुरी नहीं है, उसका व्यावसायीकरण बुरा है। साफ तौर पर यह सरलीकरण इसलिए खड़ा किया गया है कि इसके सहारे आरक्षण का एक लुभावना विकल्प सुझाया जा सके। आखिरकार आरक्षण और कोचिंग के संकट का हल अमिताभ बच्चन की मसीहाई मुद्रा के रूप में निकलता है जिनकी कक्षा में अमीर और गरीब दोनों साथ बैठने को मजबूर हैं और सुशान्त सेठ और दीपक कुमार एक साथ पढ़ाने को तैयार।

कहने की जरूरत नहीं कि इस यूटोपियाई शिक्षा व्यवस्था के साथ प्रकाश झा अपने मकसद में कामयाब रहे हैं। उन्होंने फिल्म बना और चला ली। देखने वाले या तो फिल्म की तारीफ कर रहे हैं या फिर कह रहे हैं कि फिल्म अपने विषय से भटक गयी। जबकि सच्चाई यह है कि फिल्म भटकती नहीं, दर्शकों को भटकाती है—बड़ी खामोशी से बताती हुई कि भले पिछड़ों के साथ अन्याय हुआ है, लेकिन उन्हें अगड़ों की नेकनीयती और कृपा पर भरोसा रखना चाहिए, उनका उद्धार होगा।

जोधा अकबर और इतिहास का सवाल

आशुतोष गोवारिकर की फिल्म 'अकबर जोधा' ने अनजाने में ही इतिहास और जनस्मृति के बीच बनने वाले फासले की तरफ फिर से ध्यान खींचा है। जनस्मृति बताती है कि जोधाबाई अकबर की राजपूत रानी है। के आसिफ की मशहूर फिल्म 'मुगले आज़म' में भी जोधाबाई अकबर की बेगम का ही नाम है। कहना मुश्किल है, इस फिल्म ने पहले से चली आ रही जनस्मृति या जनश्रुति से कितनी प्रेरणा ली और बाद में इस स्मृति को मजबूत करने में कितना योगदान किया, लेकिन इसमें सन्देह नहीं कि औसत भारतीय की स्मृति में जोधा अकबर की बेगम रही है। इतिहास की कुछ किताबों में भी यह नाम भूले से चला आया है, लेकिन इतिहास का बयान यही है कि यह जन स्मृति भ्रामक है, कि अबकर की पत्नी का नाम जोधाबाई नहीं, हीराकुंवर, हरका बाई या कुछ और था। सहज रूप से यह सवाल उठता है कि अपनी फिल्म के लिए काफी शोध करने का दावा कर रहे आशुतोष गोवारिकर को क्या इस सच्चाई का भान नहीं हो पाया? या उन्हें लगा कि इतिहास कुछ भी बोले, जनश्रुति उनकी फिल्म के लिए कहीं ज्यादा सहायक और उपयोगी होगी? हो सकता है, तब तक उन्हें यह अन्दाजा न रहा हो कि नाम के हेरफेर की मामूली-सी दिखने वाली यह चूक देशव्यापी विवाद का आधार बन जाएगी और इससे कहीं-कहीं उनकी फिल्म के प्रदर्शन पर भी असर पड़ेगा।

वैसे इस चूक के बावजूद कई बातें आशुतोष गोवरिकर के समर्थन में जाती हैं। अगर नाम की भूल को कुछ देर के लिए भूल जाएँ तो गोवारिकर के बाकी तथ्य इतिहास के लिहाज से दुरुस्त हैं। मसलन अकबर ने राजा भारमल की बेटी और मानसिंह की बहन से शादी की थी और मुगल-राजपूत रिश्ते का एक नया अध्याय शुरू किया था।

बहरहाल, 'जोधा अकबर' देखते हुए यह सवाल बार-बार सिर उठाता है कि क्या आशुतोष गोवारिकर की फिल्म इतिहास में जाती है और कोई नया दृष्टिकोण प्रस्तुत करती है? दुर्भाग्य से यह फिल्म उतनी ही सपाट और रंगीन है जितनी कारोबारी फिल्में हुआ करती हैं और जिनमें यथार्थ से मतलब दृश्यों के अनुरूप सादे या भव्य सेट बना डालना होता है। ऐसे भव्य सेट इस फिल्म में हैं। जहाँ तक कहानी का सवाल है, आशुतोष गोवारिकर की दिलचस्पी इतिहास में कम, अपने लिए ऐसे किरदारों की तलाश में ज्यादा है, जिन्हें वे मोहब्बत के नये प्रतीक की तरह पेश

कर सकें। जिसे जनस्मृति कहते हैं, उसमें सलीम और अनारकली के प्रेम की चर्चा होती है, उसमें शाहजहाँ और मुमताज का ज़िक्र आता है, लेकिन जोधा और अकबर पति-पत्नी की तरह ही याद किये जाते हैं।

इस लिहाज से देखें तो एक नव्यता फिर भी आशुतोष की फिल्म में है। यहाँ प्रेम पहली नज़र का नहीं है, न ही वह नामुमकिन लगने वाली कसमों से उपजा है। उसमें अतिरेकी वादे या अतिवादी कल्पनाएँ भी नहीं हैं। अगर वह प्रेम है तो ऐसा प्रेम है जिसमें एक दूसरे को तोलने, समझने और फिर एक-दूसरे से जुड़ने का जज्बा दिखता है। इतिहास दरअसल इसी मोड़ पर आशुतोष की सहायता करता है। वह उन्हें दो ऐसे किरदार मुहैया कराता है जिनके जीवन में ये पड़ाव आए, ऐसे किरदार जिन्होंने अपनी-अपनी आस्थाओं, अपने-अपने रिवाजों का अतिक्रमण कर एक-दूसरे को समझने की कोशिश की।

लेकिन आशुतोष गोवारिकर इतिहास का इससे ज्यादा इस्तेमाल नहीं करते। वे इन दो चरित्रों को लेकर, उनके जीवन की मोटी घटनाओं के आधार पर अपनी फिल्म पूरी कर डालते हैं—इस बात से बेखबर या बेपरवाह कि एक कहीं ज़्यादा बारीक और बड़ी हक़ीक़त उनके हाथ से फिसल रही है। दरअसल इस हकीकत को समझना है तो हमें कुछ इतिहास में झाँकना होगा कुछ उस जनश्रुति में, जिसने अकबर और जोधाबाई का रिश्ता बनाया है। जहाँ तक इतिहास की बात है, अकबर के विवाह को लेकर वहाँ कई तथ्य दिखते हैं। जैसे अकबर की हिन्दू बेगम के कई नाम हैं—हीराकुंवरी, मानकुंवरी और मरियमुज्जमानी।

यही नहीं, अकबर की कई प्रमुख रानियाँ रहीं। उनकी सबसे बड़ी रानी का नाम रुकैया बेगम बताया जाता है, जो बेऔलाद रही। दूसरी रानी सलीमा सुल्तान थी जो बैरम खां की बेवा थी। और तीसरी रानी भारमल की बेटी हीराकुंवरी थी जिसका दरबार और बादशाह पर दूसरी रानियों के मुकाबले कहीं ज्यादा असर रहा।

सवाल उठता है कि इस अफसाने में जोधाबाई का नाम कहाँ से चला आता है? जानकार यह भी बताते हैं कि मुगलिया दौर की मूल किताबों में जोधाबाई नहीं दिखती। न अकबरनामा से उसका उल्लेख दिखता है, न तजूके जहाँगीरी में। जोधाबाई पहली बार अठारहवीं-उन्नीसवीं सदी की किताबों में दिखायी पड़ती है। एक इतिहासकार इम्तियाज़ अहमद का कहना है कि अंग्रेज लेखक जेम्स टोड की किताब में जोधा का ज़िक्र मिलता है। लेकिन सवाल यही है कि आखिर यह नाम आता से कहाँ है? इस राज से कुछ परदा उठाते हैं इरफान हबीब जो बताते हैं कि फतेहपुर सीकरी में मरियमुज्जमानी के मकबरे से शुरू हुई है यह गलतफहमी। उनके मुताबिक वहाँ के गाइडों ने आने-जाने वाले सैलानियों को ये जानकारी दी कि यहाँ अकबर की बेगम जोधाबाई की कब्र है। जहाँ तक इतिहास का सवाल है, जोधाबाई जहाँगीर की पत्नी का नाम था। दिलचस्प यह है कि जोधपुर की इस राजकुमारी से

जहाँगीर के विवाह की सूत्रधार भी अकबर की हिन्दू पत्नी ही बनीं। इस बात से बेखबर कि भविष्य में इतिहास और स्मृति का घालमेल उनकी पहचान को उनकी वधू के नाम से जोड़ देगा।

बहरहाल, जोधा अकबर सिर्फ निजी आख्यान भर नहीं है, उसका एक सामाजिक परिप्रेक्ष्य भी है जो भारत की मिली-जुली संस्कृति के सन्दर्भ में काफी मूल्यवान हो उठता है। जनश्रुति बताती है और फिल्म भी कि अकबर ने जोधा से शादी कर एक नयी शुरुआत की जो भारत में गंगा-जमनी तहजीब का आधार बनी। यहाँ इतिहास बताता है कि अकबर से पहले भी राजपूतों और मुगलों के बीच शादी की मिसालें मिलती हैं। यही नहीं, जोधा अकबर की इकलौती हिन्दू रानी थी, यह भी सच नहीं है। अकबर की कई रानियाँ हिन्दू थीं।

इस लेख में इतने सारे ब्योरे देने का मकसद यह साबित करना नहीं है कि आशुतोष गोवारिकर की फिल्म आधी-अधूरी सच्चाइयों से बनी है। वह तो है ही, लेकिन दरअसल समझने की बात यह है कि इतिहास एक जटिल मामला होता है। उसमें आप जितने गहरे उतरते हैं, उसकी उतनी ही परतें मिलने लगती हैं। इस इतिहास में मेल-मिलाप के भी ढेर सारे उदाहरण होते हैं, आपसी तनावों और टकरावों के भी। इस इतिहास में उतरने पर हम पाते हैं कि मध्य काल का झगड़ा हिन्दू-मुसलमान का नहीं, मुसलमान-मुसलमान का भी है, हिन्दू-हिन्दू का भी है, और इनके बीच आवाजाही करने वाले कई समूहों और हितों का भी है।

इतिहास के विपरीत जनश्रुति में निस्संदेह एक तरह का सरलीकरण होता है। उसमें कहीं अकबर नायक होता है, कहीं राणा प्रताप। जनस्मृति औरंगजेब को अगर खलनायक और शिवाजी को नायक की तरह देखती है तो इसके पीछे कुछ हाथ इतिहास का होता है, लेकिन कुछ उस लोकप्रिय प्रकिया का भी, जिससे वक्त की धूल-माटी इतिहास को अपनी तरह की रंगत और पहचान दे डालती है। इसी जनस्मृति ने अकबर की पत्नी का नाम जोधाबाई मान लिया है। इसी जनस्मृति से कहीं यह भ्रम होता है कि हिन्दी इस देश के हिन्दुओं की भाषा थी और उर्दू मुसलमानों की। 'जोधा अकबर' भी इस लोकप्रिय भ्रम का शिकार दिखती है जब हम फिल्म में मुगलों और राजपूतों की अलग-अलग बोली सुनते हैं। तर्क दिया जा सकता है कि इसके अलावा दोनों की भिन्नता बताने का कोई दूसरा चारा फिल्मकार के पास नहीं रहा होगा। लेकिन मूल बात असल में यही है- एक लोकप्रिय और कारोबारी फिल्म इतिहास में नहीं जाती, वह इतिहास से सिर्फ थोड़ा-सा कच्चा माल लाती है और फिर उसे कुछ अपनी परिकल्पना और कुछ जनश्रुति के मसाले में मिलाकर एक नयी कहानी बना डालती है। आशुतोष गोवारिकर भी इससे अलग कुछ करते नहीं दिखते- मायूसी की बात सिर्फ इतनी है कि यह काम भी वह बहुत सपाट ढंग से करते हैं।

जो नहीं है, जैसे सुरुचि–उसका ग़म क्या

पहले मुन्नी बदनाम हुई और फिर शीला जवान हो गयी। यह वाक्य लिखते हुए भी एक अजीब तरह के रुग्ण छिछलेपन का अनुभव होता है। लेकिन पिछले कुछ दिनों से भारत के मनोरंजन संसार में इन दोनों गीतों की धूम मची हुई है। उन्हें कॉलर ट्यून की तरह इस्तेमाल किया जा रहा है, उन्हें लोग यू ट्यूब से अपने मोबाइल पर डाउनलोड कर दूसरों को सुना और भेज रहे हैं, उनके आसपास चुटकुले गढ़े, सुनाए और बाँटे जा रहे हैं। ऐसा लगता है कि पूरी सूचना प्रौद्योगिकी के जरिए आ रहे नये उत्पादों का सबसे ज्यादा इस्तेमाल इन्हीं गीतों के आसापास हो रहा है।

ऐसा नहीं है कि हिन्दी फिल्मों में पहली बार ऐसे गाने आये हैं या पहली बार वे इस जोरशोर से बजाए जा रहे हैं। अस्सी के दशक में फिल्म 'विधाता' का गीत 'सात सहेलियाँ खड़ी-खड़ी' या नब्बे के दशक में फिल्म 'मोहरा' का गीत 'तू चीज़ बड़ी है मस्त-मस्त' भी खूब गाये-बजाये गये। लेकिन वे ऐसे स्वीकार्य नहीं थे कि घरों में सुनाये जायें और सहेज कर रखे जायें। बल्कि उन्हें उस समय एक बड़े वर्ग का विरोध भी झेलना पड़ा था। उन गीतों पर अश्लीलता का आरोप लगा, उनके विरुद्ध अदालतों में मुकदमे तक हुये। लेकिन शीला और मुन्नी को ऐसा कुछ झेलना नहीं पड़ रहा है। उल्टे उन्हें हाथों-हाथ लिया जा रहा है। बल्कि यह हो रहा है कि पहली बार कुलीन और सम्भ्रान्त कहलाने वाला उच्च मध्यवर्ग इन गीतों को इतनी उदारता से गा-सुना रहा है। हाल में जरूर इन गीतों के विरुद्ध अश्लीलता का एक केस खड़ा करने की कोशिश की गयी है, लेकिन कुल मिलाकर माहौल एक आम सहमति का है, इन गीतों की व्यापक स्वीकार्यता का है।

इस नयी सांस्कृतिक प्रक्रिया की व्याख्या कैसे करें? सतह पर लगता है कि इन गीतों को मिल रही स्वीकृति हमारे समाज के कुछ परिपक्व और मजबूत होने की निशानी है। अब उसके पाँव पुरानी वर्जनाओं से काँपने नहीं लगते। अब वह इन धुनों पर थिरक सकता है, अपने बच्चों को थिरका सकता है। निश्चय ही किसी समाज में अपनी वर्जनाओं को पचा सकने की शक्ति होनी चाहिए। किसी सांस्कृतिक या अपसांस्कृतिक अभिव्यक्ति के विरुद्ध जो समाज लाठी लेकर खड़ा होता है या सीधे मुकदमों की शरण लेता है, वह अपने-आप से डरा हुआ समाज होता है। कह सकते हैं कि अब हम ऐसे समाज नहीं रहे। बदनाम होती मुन्नी और जवान होती शीला से आँख मिलाने की ताब हममें पैदा हुई है।

चाहें तो यह भी याद कर सकते हैं कि हर समाज में वक्त के साथ अश्लीलता के मानक और मायने बदलते रहते हैं और हमारे समाज में भी बदले हैं। पचास और साठ के दशक के जो फिल्मी गीत उस समय के बुज़ुर्गों को बिगाड़ने वाले लगते थे, वे आज कर्णप्रिय और सुसंस्कृत गीतों की तरह स्वीकृत और समादृत हैं। राज कपूर और दिलीप कुमार की जिन फिल्मों से लोग नाक भौं सिकोड़ते थे, वे अब क्लासिक मानी जाती हैं।

लेकिन क्या शीला और मुन्नी जैसे गीतों का तर्क इनसे बन जाता है? क्या कभी कुछ गीतों के विरुद्ध अश्लीलता की बहस खड़ी करने वाला समाज कच्चा और कमजोर समाज था और अब उस बहस से उबर आया समाज एक बेहतर समाज है? क्या मुन्नी और शीला इस समाज की नयी सांस्कृतिक अभिव्यक्तियाँ हैं जिनसे आँख मिलाने में पुराने खयाल वाले लोगों को कुछ शर्म आती है या दुविधा होती है? दरअसल मुन्नी और शीला के साथ बदनाम और जवान हो रही इस नयी प्रवृत्ति को पहचानना हो तो हमें श्लीलता और अश्लीलता की पुरानी और पहचानी हुई कसौटियों से आगे जाना होगा। सवाल उठता है कि इन दोनों गीतों में ऐसा क्या है जो इन्हें लोकप्रिय बनाता है। इनके गीत बहुत कल्पनाशील लेखन की उपज नहीं हैं। मुन्नी तो सीधे लोकगीतों की दुनिया से उठा ली गयी है। शीला की जवानी कई बार सुन चुकने के बाद भी उसके शब्दों को पकड़ना आसान नहीं। संगीत के स्तर पर भी कोई कर्णप्रियता या दिलकश थिरकन इन गीतों में नहीं हैं। मुन्नी के आइटम गाने में एक भदेसपन है जो मलाइका अरोड़ा की शख्सियत से कुछ मेल खाता है और शीला का आइटम कर रही कैटरीना कैफ की तमाम कोशिशों के बावजूद यह भदेसपन उसके कुलीन रंग पर चढ़ नहीं पाता। दोनों में अलबत्ता कटी-छंटी देहमुद्राओं का भड़कीला प्रदर्शन ज़रूर है जो इन दिनों कई फिल्मी नृत्य संरचनाओं में ही नहीं, वीडियो अलबम की कोरियोग्राफी में कहीं ज़्यादा अश्लील या फूहड़ ढंग से मिल जाता है।

फिर सवाल वहीं चला आता है—ऐसा क्या है इन गीतों में कि आज का समाज इन पर निसार है? दरअसल ये बड़े आसान किस्म के गीत हैं। इन्हें गाते हुए आपको न बोल याद रखने की जहमत उठानी पड़ती है और न ही इनकी ताल बिगड़ने का खतरा पैदा होता है। इन पर थिरकते हुए बस हाथ उछालने और कुल्हे मटकाने से काम चल जाता है—इन दोनों से भी संकोच हो तो दिल तो बच्चा है जी, वह मचलता ही रहता है और ऐसे गीतों से खुश हो लेता है। इन सबके अलावा आज के लगातार खुल रहे माहौल में ये गीत आपकी ढीली पड़ी नैतिकता की कसौटियों को अश्लीलता के खयाल से जुड़ी कोई चुनौती नहीं देते। क्योंकि आप मान लेते हैं कि इन दिनों इतना तो चलता है जी।

लेकिन फिर दुहराने की जरूरत है कि मामला श्लील और अश्लील का नहीं है।

मामला एक समाज की सुरुचि का है जो उसकी सांस्कृतिक अभिव्यक्तियों से प्रगट होती है। मुन्नी और शीला अगर हमारी सांस्कृतिक अभिव्यक्ति के सबसे लोकप्रिय पैमाने बन गये हैं तो समझ लेना चाहिए कि हम बौद्धिक और सांस्कृतिक तौर पर कैसा सतही और रुग्ण समाज बना रहे हैं। यहाँ आकर मोबाइल, टीवी और कम्प्यूटर के बीच बड़ी हुई, और अबाध उदारीकरण की सौगातों के बीच खड़ी हुई एक पूरी पीढ़ी की मनोरचना को समझने की इच्छा होती है।

यह बिल्कुल किशोर या युवा लोगों की पीढ़ी भर नहीं है, यह सत्तर के दशक में बड़ी हुई और अब ग्लोबल दुनिया की भागती-हाँफती जीवनचर्या में जुती हुई चालीस पार की वह सम्पन्न पीढ़ी है जिसने अपना बचपन कई वर्जनाओं में काटा, जो अपने समय के अश्लील कहलाने वाले गीतों को खुलकर गुनगुना नहीं पाई, और धांसू माने जाने वाले फिल्मी संवादों को खिलकर दुहरा नहीं पाई। उस समय सड़कछाप बनने की जो दबी हुई ख्वाहिश रही होगी, शोहदागीरी के रोमांच को जी न पाने का मायूस करता मलाल रहा होगा, उसी को सहलाने के लिए वह पीढ़ी अब खुलकर शीला और मुन्नी के साथ थिरक रही है। इसी पीढ़ी के लिए फरहान अख़्तर 'डॉन' का रीमेक बनाता है। फराह खान के 'ओम शान्ति ओम' में शाह रुख ख़ान 'मेरी उमर के नौजवानों' गाता हुआ दरअसल इसी पीढ़ी के नॉस्टैल्जिया को आवाज़ देता है और 'दबंग' की मुन्नी और 'तीस मार खाँ' की शीला इसी पीढ़ी की रुपये फेंकने की पुरानी हसरत को नयी उम्र और हैसियत देती है। क्या इत्तिफाक है कि साल 2010 की सबसे कामयाब फिल्म के रूप में 'दबंग' सत्तर के दशक के उन लटकों-झटकों के बीच बनी है जो तब कहीं ज्यादा अच्छे अभिनेताओं की मौजूदगी के बावजूद पिटकर चलन से बाहर हो चुके थे। साफ है कि पैसे से पैदा हुई आर्थिक हैसियत के साथ आया लम्पट किस्म का आत्मविश्वास इस पीढ़ी को यह ताकत देता है कि वह फिर अपने सतही मनोविनोद को पूरे समाज की सांस्कृतिक अभिव्यक्ति में बदल डाले।

यह बात दो वजहों से अफसोस पैदा करती है। एक तो इससे यह पता चलता है कि उदारीकरण के साथ जो नयी जीवनशैली आ रही है, वह अपने साथ सुरुचि या संस्कृति नहीं ला रही है। वह सिर्फ पैसे से बनी है और इसलिए पैसा कमाने के बाद वहाँ जो भी फुरसत है वह पैसा खरचने में चली जाती है। मल्टीप्लेक्स और मॉल इस नये तबके के सांस्कृतिक मंदिर हैं, जहाँ उसकी शामें कटती हैं, जहाँ उसके शनिवार-इतवार बीतते या रीतते हैं। मुश्किल यह है कि जिन समाजों के पास सुरुचि नहीं होती, उनके भीतर भी अपनी खुशी या अपने दुख को, अपनी कामना या अपनी उमंग को व्यक्त करने की इच्छा बनी रहती है। संस्कृतिविहीन होकर तो कोई समाज जी सकता है, अभिव्यक्तिविहीन होकर नहीं जी पाता, इसलिए वह अपनी तरह की अभिव्यक्तियाँ चुन लेता है। वह मुन्नी और शीला के साथ ज्यादा

आसानी से अपनी पहचान और तुकतान बिठाता है क्योंकि वे उसे आसान किस्म का, कुछ जाना-पहचाना सा, आनन्द देती हैं—वह आनन्द जिसे वह अपनी पुरानी नैतिक वर्जनाओं की वजह से अब तक अपने से दूर रखता आया था। फिर इस अभिव्यक्ति को समझने के लिए उसे कोई अभ्यास नहीं करना पड़ता, कोई बारीक किस्म की कला मर्मज्ञता साधनी नहीं पड़ती। यह दो मिनट का मज़ा है जिसके बाद मुन्नी और शीला का फिल्म में भी कोई इस्तेमाल नहीं रह जाता।

दूसरा अफसोस यह कि यह सारा कुछ उस समय घटित हो रहा है जब कला की कुछ बेहतर किस्में कहीं ज्यादा आसानी से मिल सकती हैं। अच्छा साहित्य, सिनेमा या संगीत पहले की तरह दुर्लभ नहीं रह गया है। पहले किसी बड़े फिल्मकार की अच्छी सी फिल्म देखने की हसरत पूरी करने में सालों लग जाते थे, किसी मूर्द्धन्य कलाकार का गीत जुटाने में न जाने कहाँ-कहाँ की खाक छाननी पड़ती थी, लेकिन अब तकनीक के सौजन्य से वह सब बड़ी आसानी से सुलभ है और घर बैठे उसका आस्वाद लिया जा सकता है। निश्चय ही इस तकनीक ने कला विधाओं का यह जो लोकतांत्रिकीकरण किया है, उसके अपने कुछ जायज सवाल या सन्देह है, लेकिन इसके बावजूद यह बात उपेक्षित या अलक्षित नहीं रह जाती कि अगर कोई चाहे तो इस सहज व्याप्ति से लाभान्वित हो सकता है, एक छोटा सा, अपनी सुरुचि के प्रति सजग एक वर्ग यह लाभ ले भी रहा है। शीला और मुन्नी चाहे जितना परदा हिलाएँ, अच्छी कृतियों का बाजार अपने ढंग से फिर भी फैल रहा है।

कह सकते हैं कि यह पुरानी प्रक्रिया है। पहले भी मुख्य धारा 'सात सहेलियाँ खड़ी खड़ी' या 'तू चीज़ बड़ी है मस्त-मस्त' की थी, और एक छोटी-सी समांतर धारा अच्छे सिनेमा, अच्छे साहित्य और अच्छी कला की थी। लेकिन फिर भी दोनों दौर में एक बड़ा फर्क है। पुराने दौर में शीला और मुन्नी जैसी चालू चीज़ों के क़द्रदान चवन्नीछाप कहलाते थे—निश्चय ही यह विशेषण उस तबके के समाजशास्त्र से अपरिचित उच्चभ्रू पर्वग्रहों की देन था और इसकी वैधता पर बहस हो सकती है—मगर इससे इतना तो स्पष्ट था कि जो पढ़ा-लिखा, समाज में आगे बढ़ रहा वर्ग था, वह खुद को ऊँची कला और संस्कृति से जोड़ना चाहता था। लेकिन आज के उच्च मध्यवर्ग में ऐसी कोई सांस्कृतिक दुविधा नहीं बची है। उसने यह सीखा है कि पैसा ही सारे मूल्य तय करता है और इस पैसे के बल पर मुन्नी या शीला को मनचाहे ढंग से नचवाया जा सकता है और इसमें कम से कम अपने बदनाम होने का खतरा नहीं है। यह वह आर्थिक ऐंठ है जो किसी भी सांस्कृतिक आग्रह को अवहेलना और उपहास के साथ देखती है और मुन्नी और शीला के साथ झूमती है।

कभी शमशेर ने अज्ञेय को सम्बोधित एक कविता लिखी थी—जो नहीं है, जैसे कि सुरुचि, उसका गम क्या/। अपने सन्दर्भ में दिया गया शमशेर का वह कोमल-सा उलाहना आज के उच्च मध्यवर्ग की विडम्बनापूर्ण पहचान बन गया है।

बुरी औरतें

हिन्दी फिल्मों में अक्सर एक बुरी औरत हुआ करती है। ज्यादातर वह तवायफ होती है या किसी गैंग के बॉस की सबसे विश्वसनीय सहयोगिनी। यह औरत अपने वक्त की शिकार होती है। कोई मजबूरी उसे कोठे तक ले जाती है, किसी बेबसी में वह किसी गिरोह के बॉस को सहयोग कर रही होती है। वह सुन्दर होती है, नाचती-गाती है, अक्सर-अपने बॉस की बाँहों में शोखी और ऐंठ के साथ मुस्कुराती है। तस्करी में मदद करती है, वक्त पड़ने पर गोलियाँ चलाती है, नायक को घेरने की साजिश में शरीक रहती है। वह अनजाने में, यानी फिल्म की कहानी से बाहर निर्देशक की योजना में, फिल्म की नायिका के भोलेपन को, उसकी मासूमियत को अपने 'कंट्रास्ट' के जरिए उभारने का काम भी करती है।

लेकिन औरतें खलनायक नहीं हो सकतीं। उन्हें वह मौत नहीं दी जा सकती जो खलनायकों को अमरीश पुरी, परेश रावल को- नायक देता है। स्त्री अगर इस हद तक गुनहगार दिखे तो वह स्त्री रह कहाँ जाएगी? उसकी कोमलता को बचाकर रखना है। यह कोमलता ही तो स्त्री का विशेष विक्रय प्रस्ताव है। इसलिए वक्त की सताई हुई इस वैंप का आखिर में पुनर्जन्म होता है। वह नायक की सच्चाई पर, उसकी बहादुरी पर रीझती है और नहीं चाहती कि बह खलनायक के हाथों बेमौत मारा जाये। वह मन ही मन उससे प्यार करने लगती है। कई बार नायक को भी इस प्यार का अहसास नहीं होता। अक्सर यह प्यार बेहद नाटकीय ढंग से सामने आता है। ठीक वैसे किसी अवसर पर, जब नायक खलनायक के हाथों मरने वाला होता है, वैंप अपनी बदली हुई निष्ठा का परिचय देती है। वह नायक के बंधन काट देती है। या फिर उसके हाथों में रिवॉल्वर थमा देती है। अगर यह सब कारगर नहीं होता तो वह नायक के सीने पर चलने वाली गोली आगे बढ़कर खुद झेल लेती है। हिन्दी सिनेमा का इतिहास नायकों के आगे आकर गोली खाकर मरने वाली बुरी औरतों का इतिहास भी है। वे अक्सर नायकों की बाँहों में इस सन्तोष के साथ प्राण त्यागती हैं कि उनका जीवन अपनी आखिरी घड़ियों में सार्थक हो गया।

हिन्दी फिल्मों के जो सबसे जाने पहचाने दृश्य हैं, जो अमूमन हर दूसरी-तीसरी फिल्म में दिख जाते हैं, उनमें बुरी औरतों के आत्मोत्सर्ग का यह दृश्य भी है, जो अन्ततः प्रमाणित करता है कि स्त्री का अन्तःकरण महान होता है, उस पर वक्त थोड़ी धूल भले चढ़ा दे, वह कुछ गुनहगारों के साथ भले मिली दिखे, भले ही कुछ

अपराध खुद कर बैठे, मगर वह एक भारतीय स्त्री है, जो सच्चाई और करुणा की प्रतिमूर्ति है, और इसके लिए प्राण देने से भी नहीं हिचकती। इस स्त्री को राह पर आना ही है, उसे अन्ततः एक अच्छी स्त्री प्रमाणित होना ही है।

मगर यह बुरी स्त्री भले अच्छी स्त्री बन जाए, जीने का विकल्प उसके सामने हिन्दी सिनेमा ने शायद अपवादस्वरूप भी नहीं छोड़ा है। इस स्त्री को मरना ही है। ऐसी कोई फिल्म याद नहीं आती, जिसमें वे बुरी स्त्रियाँ जो तवायफ रही हों या जिनकी देह मौजूदा चलन के हिसाब से 'अपवित्र' हो चुकी हो, अपने हृदय परिवर्तन के बावजूद नायक के साथ फेरे ले सकी हों। वे बहुत बहादुर होती है, सुन्दर और समझदार भी, मगर नायक की बीवी नहीं बन सकतीं। उनका अतीत उन्हें इसकी इजाजत नहीं देता। उनकी अपवित्र देह उन्हें भारतीय घर की पवित्र देहरी के भीतर प्रवेश करने लायक नहीं छोड़ती। नायक उनके प्यार को मान्यता देता है, उससे विह्वल भी होता है, मगर उनके साथ घर नहीं बसाता। घर उसे उस नायिका के साथ बसाना है, जो चाहे जितनी भी कमजोर-कातर हो, मगर जिसने अपनी देह की पवित्रता बचाए रखी हो। सिर्फ वही सौभाग्यशाली बुरी स्त्रियाँ नायक का घर बसा सकी हैं जिन्होंने तवायफ होते हुए भी या जुर्म की दुनिया में कई बरस गुजारने के बावजूद किसी तरह अपनी दैहिक पवित्रता बचाये रखी हो।

विडंबना यह है कि अपने आचरण में हिन्दी फिल्मों के वास्तविक संसार ने स्त्री की दैहिक शुचिता की न सिर्फ पूरी तरह धज्जियाँ उड़ाई है, बल्कि स्त्री देह का फिल्मों के भीतर बाहर जम कर शोषण भी किया है। लेकिन सैद्धान्तिक रूप से वह इस बात का पक्षधर नहीं दिखना चाहता। फिल्मों में उसकी नायिकाएँ, उसकी स्त्रियाँ अच्छी होनी चाहिए। यह अलग बात है कि बुरी स्त्रियों के बिना उसका काम नहीं चलता। बुरी स्त्रियों की भी एक अपील होती है, वे नाचने, गाने, नहाने, कपड़े पहनने, शराब पीने, उत्तेजक दिखने और आखिरी में नायक को बचाते हुए मरने का काम कुछ इस तरह करती हैं कि जो 'ईमाँ' वाले हैं और अपनी-बहू-बेटियों को सुघड़ता के साथ देखना चाहते हैं, उन्हें भी कुछ 'गुनाह' की लज्जत मिल जाती है। साथ ही उनकी आँखें भी सतृष्ण हो जाती हैं कि देखो, बुरी औरत थी, मगर मर कर उसने प्रायश्चित कर लिया। लेकिन ऐसा काम नायिकाएँ नहीं कर सकतीं। वे करेंगी तो आखिरी दृश्य में नायक के साथ फेरे लेने की पात्रता का बन्धन टूटेगा और इससे बड़ा अनर्थ कुछ न होगा। आखिर स्त्री सबसे पहले और सबसे आखिर में देह ही तो है। बीच में कुछ भी नहीं है। मन का पाप धुलने से तन का पाप थोड़े धुल जाएगा? बुरी औरतें चाहिए, मगर मरने के लिए, या नायक को उसका नायकत्व लौटाने के लिए। कात्यायनी की एक कविता की आखिरी पंक्तियाँ है, प्रभु/ मेरी आत्मा/ प्रायश्चित करने के लिए तड़प रही है/मुझे पाप करने के लिए एक औरत दो।'

फिल्मी हिंसा का बदलता चेहरा

करीब पच्चीस साल पहले जब रमेश सिप्पी ने सितारों से भरी अपनी फिल्म 'शोले' बनायी थी तो उन पर अपने समय की सर्वाधिक हिंसक फिल्म बनाने का इल्जाम आया था। 'शोले' उन गिनी-चुनी फिल्मों में रही जिसके खलनायकों को नायकों से कहीं ज्यादा शोहत मिली। गब्बर सिंह द्वारा बोले गये सम्वाद उस वक़्त बच्चे-बच्चे की जुबान पर हुआ करते थे और उनमें से बहुतों की स्मृति अभी भी ताजा है, वह कहना अतिशयोक्ति नहीं होगी। एक अर्थ में बुरा और खूँखार आदमी होते हुए भी गब्बर सिंह ने लोकप्रियता ही अर्जित की। यह 'शोले' की हिंसा को चिन्ताजनक बनाने वाला तथ्य था।

मगर क्या आज भी 'शोले' की हिंसा लोगों को उतनी ही खौफनाक लगती है? उस फिल्म में धर्मेन्द्र और अमिताभ बच्चन घूंसेबाजी करते हैं। सांबा और कालिया जैसे गब्बर सिंह के आदमी खूब गोलियाँ चलाते और खाते हैं, गब्बर सिंह ठाकुर के पूरे परिवार का सफाया कर देता है और बाद में उसके दोनों हाथ काट डालता है, वसन्ती को काँच पर नंगे पाँव नाचने पर मजबूर किया जाता है।

इतनी सारी हिंसा के बावजूद शोले में कई ऐसे दृश्य नहीं थे जो आज की अचर्चित गुजर जाने वाली हर दूसरी फिल्म में हुआ करते हैं। इस फिल्म में किसी को जिन्दा नहीं जलाया गया। किसी के नाखून नहीं उखाड़े गये। किसी को उल्टा लटका कर जलती सिगरेट से दागा नहीं गया। किसी स्त्री के साथ बलात्कार की कोशिश नहीं हुई। गब्बर सिंह हेमा मालिनी को काँच पर नाचने के लिए जरूर मजबूर करता है, मगर शायद एक पल के लिए भी उसके दिमाग में यह बात नहीं आती कि इस निरीह और अकेली पड़ गयी स्त्री के साथ बलात्कार भी किया जा सकता है। जबकि आज मार-धाड़, अपराध और प्रतिशोध को केन्द्र में रखकर बनायी जा रही लगभग सभी फिल्मों से थे सारे दृश्य आम हैं। मशीनगनों की गड़गड़ाहट, बमों के धमाके, जलती हुई गाड़ियाँ, जलते हुए मकान, जलते हुए लोग, चीख, धुआं और यह सब कुछ इस निरंतरता के साथ कि आपको सोचने-समझने की कोई फुरसत ही न मिले। इस वीभत्स हिंसा के बीच सबसे बुरी गत स्त्रियों की हुई है। उनके साथ नायक या तो रोमांस करते हैं या खलानायक बलात्कार की कोशिश करते हैं। बल्कि इसके लिए मुख्य खलनायक होना भी जरूरी नहीं है, कोई भी छुटभैया गुंडा, शराबी

या आवारा छात्र-किसी लड़की का पीछा करता और उसके कपड़े फाड़ने की कोशिश करता नज़र आता है। एक दौर में कॉलेज कैंपस किशोर रूमान की या छिटपुट शरारतों की जगहें होते थे, लेकिन आज की फिल्मों के कैंपसों में बड़े अपराधियों, नेताओं या रईसों के बिगड़ैल बेटे अपने साथ पढ़ने वाली लड़कियों का शीलहरण करने को ही उद्धत दिखते हैं।

हम सिर्फ कल्पना कर सकते हैं कि 'शोले' अगर आज बनी होती तो उसका क्या अन्दाज होता। उसमें कदम-कदम पर आगजनी के दृश्य होते, ठाकुर के पूरे परिवार को वीभत्स ढंग से जिन्दा जलता दिखाया जाता और हेमा मालिनी 'जब तक है जां, जाने जहाँ मैं नाचूँगी' गाती हुई काँच पर लहूलुहान पाँवों से थिरक नहीं रही होती, बल्कि डाकुओं के गिरोह के बीच इधर-उधर भागती हुई अपनी इज्जत की भीख माँग रही होती।

1975 के 'शोले' में ये दृश्य इसलिए नहीं रहे होंगे कि रमेश सिप्पी को अहसास होगा कि भारतीय दर्शक इतनी क्रूरता नहीं पचा सकते। लोकप्रिय सिनेमा का लोकप्रिय तर्क है—और खासकर फिल्मों की सेक्स और हिंसा के सन्दर्भ में इस्तेमाल किया जाता है—कि दर्शक जो चाहते हैं हम वह दिखाते हैं। इस तर्क से क्या हमें मानना चाहिए कि आज का दर्शक ज्यादा क्रूर, ज्यादा हिंसक मनोवृत्ति का हो चुका है? उसे क्रूरता के अधिकाधिक दृश्य आनन्द देते हैं?

इस प्रश्न की थोड़ी देर के लिए स्थगित करें और एक बेहद संवेदनशील फिल्म निर्देशक और गीतकार गुलज़ार की एक टिप्पणी पर ध्यान दें। कुछ साल पहले दिल्ली में साहित्य अकादेमी द्वारा आयोजित एक सेमीनार भें गुलज़ार ने कहा था कि असल हिंसा वह नहीं होती जो पार्श्व से तेज बजते संगीत और ढेर सारे अन्य प्रभावों के साथ परदे पर दिखाई पड़ती है। असल हिंसा वह होती है जिसे जीवन में कोई बेहद सुनसान गली पार करते हुए आप तब महसूस करते हैं जब आपको पता होता है कि आप पर कहीं से भी हमला हो सकता है। ऐसा लगता है जैसे गुलज़ार फिल्मी हिंसा को उतना खतरनाक नहीं मानते जितना उस वास्तविक हिंसा को जो समाज में पसरी है। शायद उन्हें लगता हो कि ऐसे हिंसक दृश्यों के प्रभाव बहुत देर तक नहीं बचे रहते। ठीक उसी तरह, जैसे मुख्य धारा की हिन्दी फिल्मों की स्मृति बहुत देर तक नहीं बची रहती।

लेकिन यह अर्द्धसत्य है। हिन्दी फिल्मों के कथानक की स्मृति भले न बचती हो, लेकिन उसके दृश्यों का असर तो बचा ही रहता है। बल्कि एक-सी कथाभूमि, एक सी 'सिचुएशन' और एक से चरित्रों के बीच आगे निकलने की होड़ में हिन्दी फिल्मों के निर्देशक सिर्फ हिंसा के तौर-तरीकों में विविधता पैदा करने की कोशिश करते हैं। इसलिए जो काम कभी घूंसेवाजी या ज्यादा से ज्यादा चाकू और तमंचों से चल जाता था, उसके लिए इन दिनों स्वचालित राइफलों तड़तड़ाती हैं और बंमों के

धमाके होते हैं। दर्शक लगातार ज्यादा से ज्यादा हिंसा के आदी बनाये जाते हैं। यह कुछ वैसा ही है जैसे पहले किसी को नशे का अभ्यस्त बनाया जाये और धीरे-धीरे उसका डोज बढ़ाया जाये।

मगर क्या 1975 और 1999 के बीच का फर्क सिर्फ डोज यानी मात्रा का फर्क है? या कुछ और चीजें भी बदली हैं? हम देख रहे हैं कि हिंसा के दृश्य जैसे-जैसे ज्यादा से ज्यादा क्रूर हुए हैं, वैसे-वैसे हिंसा की कैफियतें भी बढाई गयी है। चरित्रों की हिंसा के पीछे मनोवैज्ञानिक कारण कुछ इस तरह तलाशे जा रहे हैं जिससे उनके प्रति सहानुभूति पैदा हो। अब सिर्फ खलनायक ही हिंसक नहीं रहा है, नायक भी हो गया है और ज्यादा बुरे तरीके से हो गया है। हिंसा कभी उसके बचपन की किसी ग्रंथि का नतीजा होती है कभी उस पर हुए अत्याचारों का प्रतिफल बताई जाती है। फिल्म 'अंजाम' में शाह रुख खान जिस लड़की को चाहता है उसे हासिल करने के लिए किसी भी हद तक चला है। यहाँ तक कि उसके पति की हत्या भी कर देता है। 'बाजीगर' में यही शाह रुख खान अपने पिता के साथ हुए अन्याय का बदला लेने के लिए दिलीप ताहिल की बेटी से इश्क का नाटक करता है और उसे एक बहुमंजिला इमारत से नीचे धकेल देता है। फिर उसकी छोटी बेटी काजोल से भी प्रेम करता है और काजोल जब अपनी बड़ी बहन के कातिल का पता लगा रही होती है, तो वह हर मुमकिन गवाह की हत्या करता चलता है।

इस तथ्य को थोड़ी पड़ताल करें तो हमें सत्तर के दशक और नब्बे के दशक के सिनेमा में एक मूलभूत फर्क नजर आता है। सत्तर का दशक अमिताभ बच्चन के उदय का दशक था- उस ऐंग्री यंगमेन के उभार का दशक, जिसे व्यवस्था में भरोसा नहीं रहा है और जो मानता है कि उसे अपने बाहुबल से सारी समस्याओं को हल करना है। उसे दूसरों के साथ हुए अन्याय उद्वेलित करते हैं। बचपन में सहे हुए अन्यायों की स्मृति भी उसके भीतर होती है मगर उससे वह ताकत हासिल करता है कुंठा नहीं। फिल्म 'दीवार' में अपनी कलाई से ज्यादा अपने मन पर खुदे हुए शब्दों 'मेरा बाप चोर है' की स्मृति लिए बड़ा हुआ अमिताभ बच्चन गुंडों से पहली बार मुठभेड़ तब करता है जब वह देखता है कि इनकी गुंडागर्दी की वजह से एक सीधा-सादा आदमी मारा गया है। अपराध की दुनिया में वह दाखिल होता है तो इसलिए कि उसे अहसास है कि अपराध तो सफेद कॉलर वालों की दुनिया में भी फल-फूल रहे हैं। मगर अपराध को वह नैतिक मूल्य के रूप में प्रतिष्ठित नहीं करता। हिंसा भी उसके लिए किसी प्रतिशोधी आनन्द का माध्यम नहीं है, एक सामाजिक मजबूरी है जिसे बुरे लोगों को खत्म करने के लिए उसने अपनाया है।

हिंसा अगर उस नायक का मनोविज्ञान नहीं बन पाती और अपराध उसका मनोविलास नहीं हो पाते तो शायद इसकी कुछ अन्य वजहें भी हैं। समाज का जो अपना नैतिक प्रतिरोध है वह नायक को बचाता है। 'दीवार' में एक ईमानदार

पुलिस अफसर भाई और सच्चाई के लिए सब कुछ कुरबान कर देने वाली माँ है जो अमिताभ को उस दलदल में धंसने से रोकती है जिसमें अपराध और अनैतिकता के सिवा कुछ भी नहीं है। सत्तर के दशक में हमारे सामाजिक-पारिवारिक तार इस कदर टूटे नहीं थे कि हिन्दी फिल्मों का निर्देशक अपने नायक को उनके बाहर ले जाने की हिम्मत करता। उस नायक का विद्रोह सिर्फ राजनैतिक प्रशासनिक व्यवस्था से होता था, उसके गुस्से के केन्द्र में अपनी बेरोजगारी होती थी, मगर उसके बाहर परिवार में, रिश्तों में, स्त्री की मर्यादा में उसकी आस्था कायम रहती थी।

इस नायक को अन्ततः विफल होना था क्योंकि उसकी निजी बहादुरी से चीजें हल होती नहीं थीं। जीवन की वास्तविकताएँ हिन्दी फिल्मों में ज्यादा जटिल थीं और इस नायक को न सिर्फ पीछे छूटना था बल्कि धीरे-धीरे अकेला और अप्रासंगिक होते हुए आत्मकेन्द्रित चरित्र में बदल जाना था। इसलिए आखिरी दशक तक आते-आते जो जो सिने-परिदृश्य हमें मिलता है उसमें नायक-खलनायक सब बदले हुए नजर आते हैं। खलनायक को अपराध जगत को तकनीकी तरक्की से जुडे सारे साजो सामान मिल जाते हैं—स्वचालित राइफलें, गाड़ियाँ, बम-बारूद से लेकर राकेट लांचर तक। नायक दूसरी-तरफ ज्यादा अकेला पड़ जाता है। उसे पुलिस, वकील और जज तो धोखा देते ही हैं, परिवार में भी वह अकेला टूटा हुआ है। उसके भाई-बहनों का पता नहीं चलता, उसका बाप ज्यादा से ज्यादा पैसा कमाने की जुगत में रहता है, ज्यादा से ज्यादा उसके पास अपनी माँ होती है जो पहले से ज्यादा कातर और निरीह हो गयी है। इस माँ से भावनात्मक रिश्ता उसका चाहे जितना भी मजबूत हो, कोई नैतिक मदद हासिल नहीं होती।

बचपन से आयाओं और कुंठाओं की गोद में पले इस नायक के पास न कोई बड़ा लक्ष्य है न कोई सामाजिक सरोकार। कभी-कभी कोई जुनूनी किस्म की देशभक्ति उसे घेर ले तो बात अलग है। उसे खलनायक को इसलिए नहीं मारना है कि वह कोई बुरा आदमी है, बल्कि इसलिए मारना है कि उसने उसके पिता या परिवार को मार डाला है या उसकी बहन के साथ बलात्कार किया है। फिर मारना ही नहीं है, ज्यादा से ज्यादा क्रूर तरीके से, ज्यादा से ज्यादा तड़पा कर मारना है ताकि उसके प्रतिशोध को आग ठंडी हो सके। कभी-कभी तो इस एकमात्र लक्ष्य को लेकर जी रहे नायक पर पूरी फिल्म टिकी होती है।

यहीं से इस दशक की फिल्मों में हिंसा और अपराध एक नयी तरह से जुड़ते हैं। यहाँ नायक और खलनायक के बीच ज्यादा फर्क नहीं है। सिर्फ साधनों और शक्ति का मुकाबला है। खलनायक अब छोटी-मोटी तस्करी या छिनतई से ऊपर उठ चुका है। वह या तो भ्रष्ट राजनीतिक है या फिर किरायेकर किस्म का माफिया डॉन। इससे निबटने वाले नायक का व्यवस्था से पूरी तरह मोहभंग हो चुका है। प्रतिशोध उसके लिए महज एक लक्ष्य नहीं, मानसिक अवस्था भी है। यह एक अर्द्धविक्षिप्त

नायक है। हिंसा उसके मनोविज्ञान का हिस्सा है, उसके मानस को तृप्त करती है। अपनी कई फिल्मों में संजय दत्त ऐसे ही नायक हैं।

यह नायक इसलिए बन रहा है कि उसके सामने कोई सामाजिक बन्धन नहीं है, किन्ही मूल्यों को जीने की विवशता नहीं है। कई रूमानी फिल्मों में सामन्ती किस्म के बापों का बिल्कुल नैतिक ढंग से मुकाबला करने वाले नायक जरूर मिल जाते हैं, मगर ज्यादातर फिल्मों के नायक आत्मकेन्द्रित ढंग से जीते हुए बस अपनी खुशियाँ हासिल करते हैं।

सिनेमा का समाज

अस्सी के दशक के मध्य में अमिताभ बच्चन की एक फिल्म आई थी-'इंकलाब'। हालाँकि वह अमिताभ के अनिर्वचनीय आकर्षण के ढलते हुए दिनों की फिल्म थी मगर तब भी वे युवा दिलों पर राज करते थे। हाँ, सत्तर के दशक में उनके चेहरे पर जो ताजगी और मासूमियत रहा करती थी और जिसमें उनका गुस्सा और विद्रोह गहरी कशिश पैदा करते थे, उसकी जगह एक अधेड़ थकान ने ले ली थी जिसके कारण उनका विद्रोही व्यक्तित्व अरुचिकर तो नहीं लगता था मगर पहले की तरह आकर्षक भी नहीं रह गया था। उनकी पुरअसर आवाज में भी एक रुक्षता चली आयी थी जो उनकी बाद की एक फिल्म 'अग्निपथ' की पहली डबिंग में अपने सबसे विकृत रूप में प्रकट हुई थी। बहरहाल, हिन्दी सिनेमा का यह गुस्सैल युवा नायक इस वक्त तक थक चुका था और शायद इसकी प्रतीकात्मक अभिव्यक्ति के तौर पर 'इंकलाब' का वह पुलिस अधिकारी हमारे सामने था जिसने फिल्म के आखिर में नेताओं को भून डाला था।

हिन्दी सिनेमा की यह पुलिसिया क्रान्ति इक्कीसवीं सदी के प्रारम्भिक वर्षों में कहाँ पहुँची है, यह बताने के लिए एक नयी फिल्म का हवाला पर्याप्त होगा। यह फिल्म है 'क्रान्ति'-मनोज कुमार और दिलीप कुमार वाली नहीं, धर्मेन्द्र के छोटे बेटे बॉबी देओल की- जो इस बात की वकालत करती है कि पुलिस को इतने अधिकार दिये जाने चाहिए कि वह अदालती औपचारिकताओं की परवाह किये बिना कार्रवाई कर सके। एक बड़े पुलिस अधिकारी के रूप में बॉबी देओल का सूत्र वाक्य है, 'नो एफ.आई.आर., नो अरेस्ट, नो टॉक, फैसला ऑन द स्पॉट।' इस हास्यास्पद से वाक्य को बड़ी संजीदगी से बार-बार दुहराते बॉबी देओल को देखकर हरिशंकर परसाई के इंस्पेक्टर मातादीन की याद आती है जो चाँद के पुलिस अधिकारियों को प्रशिक्षित करने के क्रम में उत्साह के साथ बताते हैं कि सच्चे पुलिसवाले को हनुमान का भक्त होना चाहिए जिन्होंने रावण को ऑन द स्पॉट सजा दे डाली थी। (गनीमत है कि उस वक्त हरिशंकर परसाई से किसी ने नहीं पूछा कि हनुमान को बीच में क्यों लाते हैं। बीच के बीस वर्षों का एक फर्क यह भी है।)

इन्हीं बीस वर्षों में- यानी इंकलाब और क्रान्ति के बीच ढेर सारी ऐसी हिन्दी फिल्मों का कबाड़ जमा है जिनके नाम इन्साफ, अदालत, कानून जैसे शब्दों से शुरू होते हैं। इंकलाब के दो-एक साल पहले ही अमिताभ की एक फिल्म आयी

थी, 'अन्धा कानून' जो इस बात की कैफियत थी कि इंकलाब क्यों चाहिए। बाद में 'यह कैसा इंसाफ', 'कानून क्या करेगा', 'जंगल राज' जैसी अनगिनत फिल्मों की मार्फत न्यायिक जरिए से न्याय के निरन्तर दूर और अप्राप्य होते जाने की व्यथा-कथा सिने परदे पर लगातार आती रही। कई ऐसी फिल्में भी आयीं जिनमें कोई ईमानदार अफसर आखिर में थक कर बन्दूक उठाने को विवश होता है और तमाम भ्रष्ट लोगों को मार डालता है।

ये सामाजिक-राजनैतिक स्थितियाँ इतनी त्रासद हैं कि हिन्दी फिल्मों का नायक विक्षिप्त-सा हो गया है। समाज में चल रहा कोई अन्याय खत्म करना उसका मकसद नहीं है। उसका मकसद बस निजी प्रतिशोध लेना है। इस प्रतिशोध के लिए सब कुछ जायज है। शाह रुख खान और संजय दत्त ऐसे ही नायक हैं। इन नायकों के पिता, माँ या बहनें किसी क्रूरता की बलि चढ़ते हैं और उसके बाद इनके प्रतिशोध की कहानी शुरू होती है जो आखिरी रोल में जलते हुए रक्तरंजित दृश्यों के बीच खत्म होती है।

इस सामाजिक कथा में सबसे अरक्षणीय स्त्री हुई है। हिन्दी सिनेमा में वैसे तो स्त्री हमेशा सजीली गुड़िया की तरह पेश की जाती रही है, मगर शायद ही कोई और ऐसा दौर रहा हो जब वह इस हद तक कमजोर और कातर हो, जितनी आज है। स्त्रियों के साथ बस दो ही सलूक होते हैं। वे या तो छेड़छाड़ के बीच गाना गाती हैं, नाचती हैं, पानी में भीगती हैं और कुछ तेज-तर्रार जुमले बोलती हैं या फिर कॉलेज परिसर से लेकर खलनायक के घर तक सीधे बलात्कार की शिकार होती हैं। खलनायक को जहाँ नायक के हाथ-पाँव बाँधने हुए, वह नायिका को उठा लाता है और उसका वो हश्र करने की धमकी देता है जिसके बारे में फिल्मी दर्शकों को पहले से पता रहता है। हालाँकि इसका एक दूसरा पक्ष यह है कि इन्हीं दिनों बनी कई फिल्मों में स्त्री भी पर्याप्त हिंसक और आक्रामक दिखाई पड़ती रही है। लेकिन यह हिंसा स्त्री को उसका व्यक्तित्व और चरित्र नहीं लौटाती, बल्कि एक नये फिल्मी किस्म के रुग्ण मनोविज्ञान के हिस्से के रूप में ही पेश करती है।

पूछा जा सकता है कि क्या चालू हिन्दी फिल्मों को इतनी संजीदगी से लेने की जरूरत है? वे यथार्थ का चित्रण नहीं करतीं, बल्कि एक ऐसी फंतासी रचती हैं जिसमें लोगों को तीन घण्टों का शुद्ध मनोरंजन मिले, जिसमें बाहर की दुनिया का कुरूप दखल न हो। इन घण्टों में लोग यथार्थ की चुभन को भुलाए रखें और फिल्म खत्म होने के बाद उसे भी बिसरा दें जो उन्होंने तीन घण्टों में देखा था। पिछले कई दशकों से कुछ गिने-चुने फार्मूले हिन्दी सिनेमा में इतने सफल रहे हैं और एक ही कहानी दर्शकों को इतनी अच्छी लगती रही है, इससे पता चलता है कि यह एक कामयाब विचार रहा है। इस लिहाज से हिन्दी फिल्में सपने बेचती ही नहीं, खुद भी एक अर्थ में सपना हुआ करती हैं। जिस तरह हम रोज रात में सपने देखते हैं

और सुबह भूल जाते हैं वैसे ही एक नियमित अन्तराल पर हम सिनेमा देखते हैं और उसे भूल जाते हैं।

लेकिन सपनों का यथार्थ से क्या कोई वास्ता नहीं होता? यह बताने वाले शोध सैकड़ों में आ चुके और अब पुराने भी पड़ गये हैं कि जो हम दिन में जीते हैं और जीना चाहते हैं, उसी की रस्साकशी से हमारे रात के सपने रचे जाते हैं। हिन्दी सिनेमा चाहे जितना भी नकली हो, अन्ततः वह उन्हीं आवेगों को काम में लेता है जो हमारे समाज में होते हैं और उन्हीं से अपनी फंतासी रचता है। बीती आधी सदी से भी ज्यादा समय में चालू हिन्दी फिल्मों का और कुछ नहीं बदला, यह आवेग भर बदला है। इस लिहाज से हिन्दी फिल्में इस बात का बैरोमीटर होती हैं कि एक समाज के तौर पर हमें क्या-क्या स्वीकार्य है और किस सीमा से आगे हम देखने को तैयार नहीं हैं। समाज जो देखना चाहता है, सिनेमा वही दिखाता है, चालू फिल्मकारों का यह तर्क एक अर्थ में बिल्कुल सच है। मुख्यधारा की हिन्दी फिल्मों में नग्नता अपने चरम रूप में अभी मौजूद नहीं है तो इसलिए नहीं कि सेंसर अनुमति नहीं देगा, बल्कि इसलिए कि समाज इसे स्वीकार नहीं करेगा। वहाँ बहन या माँ पाक-साफ संज्ञाएँ हैं तो इसलिए कि समाज अब भी इन रिश्तों के साथ किसी किस्म का मजाक झेलने को तैयार नहीं है। पचास और साठ के दशक की नायिकाओं की पोशाक अगर नब्बे के मुकाबले कुछ ज्यादा मर्यादित है तो सिर्फ इसलिए नहीं कि उस वक्त निर्देशकों को मर्यादाओं की ज्यादा चिन्ता रही होगी, बल्कि इसलिए कि उन्हें पता होगा कि बाजार में इससे ज्यादा खुलापन कबूल नहीं किया जायेगा।

दरअसल इसी बिंदु से चालू हिन्दी फिल्में वह सन्दर्भ बनाती हैं जिसके कारण उन पर संजीदगी से विचार करना जरूरी है। सच हो या सपना, वह अन्ततः समाज से ही तो निकलता है और उसी से हिन्दी फिल्म की बार-बार दुहराई जाने वाली कहानी नयी होती है। अमिताभ बच्चन से बॉबी देओल तक पहुँचते-पहुँचते यह कहानी अगर सीधे एक पुलिसिया व्यवस्था के हाथ में सारी ताकत दे दिये जाने की वकालत करती है तो इससे सिर्फ इसीलिए चिन्तित नहीं होना चाहिए कि वह हमारी लोकतान्त्रिक व्यवस्था के बने-बनाये निकषों के समान्तर एक वैकल्पिक और खतरनाक नकारात्मक रास्ता सुझा रही है। इसके समान्तर उन कई फिल्मों को याद किया जा सकता है जिनमें नेताओं को सीधे-सीधे अपराधियों की तरह चित्रित किया गया है। हिन्दी सिनेमा के खलनायक बदलते रहे हैं। किसी जमाने में वे बिगड़ैल राजा या डाकू होते थे। बाद के दौर में तस्कर होने लगे। माफिया-गिरोहों पर केन्द्रित कहानियों में कई बार यह तस्कर पुलिस अधिकारी भी निकलता था। 'डॉन' का पुलिस अधिकारी ऐसा ही था। लेकिन इन दिनों सबसे बड़ा खलनायक नेता है जो अपराधी, तस्कर, बलात्कारी-सब कुछ एक साथ है। यही नहीं, यह नेता व्यवस्था को सुधारने या बनाए रखने के सारे प्रयत्नों को धता बताता है और जो ईमानदार अधिकारी उसके

सामने झुकने को तैयार नहीं होता, उसके साथ भयंकरतम सलूक करता है। करीब दो साल पहले एक फिल्म आयी थी, मनोज वाजपेयी की 'शूल' और इस फिल्म ने बड़ी बहस पैदा की थी। उस फिल्म का पुलिस अधिकारी भी अन्ततः अपना धैर्य छोड़ देता है और नेताओं को सड़कों पर घसीट कर मारता है।

ये सारी फिल्में हिन्दी फिल्मों के दीवालिएपन के बारे में जितना बोलती हैं, उससे ज्यादा उस हताशा के बारे में बोलती हैं जो समाज में मौजूद है। वे वस्तुतः भारतीय समाज में पूरी व्यवस्था के प्रति बढ़ रहे सन्देह का ही दोहन करती हैं। इस नजरिये से इन फिल्मों को देखें तो पाएँगे कि उनमें उम्मीद की जगहें बहुत कम हैं। नायक का निजी शौर्य भी अन्ततः यों ही जाया हो रहा है। इसी हताशा में यथास्थिति की वह फाँस है जो अन्ततः इन फिल्मों में किसी सकारात्मक बदलाव की गुंजाइश को खत्म करती है। जो जैसा है, उसे वैसा ही छोड़ दो और उसमें ज्यादा से ज्यादा वही करो जो तुम्हारे वश में है—यह अनकहा दर्शन लगभग हर फिल्म दे जाती है। यानी लड़कियाँ घरों में रहें तो सुरक्षित हैं, पुलिस अधिकारी नेताओं की चापलूसी करते रहें तो उनकी तरक्की होगी, अदालतों में न्याय नहीं मिलता इसलिए वहाँ जाना बेकार है और ठीक से रहना हो तो गुन्डे-बदमाशों से डर कर रहना चाहिए।

खतरनाक बात यह है कि समाज में जो हो रहा है, वह इस सिनेमा को सही ही ठहराता है। न्यायिक सक्रियता का गुब्बारा फूटने के बाद नेताओं को जैसे अभयदान मिल गया है। नैना साहनी हत्याकांड, बीएमडब्ल्यू कान्ड, जेसिका लाल हत्याकांड और नीतीश कटारा हत्याकांड जैसे मामलों का जो हश्र होता दिखाई पड़ रहा है, उससे यह धारणा और मजबूत हुई है कि जो बड़े पदों और पैसे वाले हैं, वे इस व्यवस्था में अवेध्य हैं। कई शहरों में गुन्डाराज खत्म करने के नाम पर नकली मुठभेड़ों को जो जनस्वीकृति मिल रही है और जिस तरह ऐसी मुठभेड़ आयोजित करने वाले अफसर सराहे जा रहे हैं, उससे पता चलता है कि समाज का किसी अन्य संस्थान पर भरोसा नहीं रह गया है। एक ज्यादा बड़े स्तर पर दंगों या चुनावों के वक्त सेना के इस्तेमाल की माँग में भी यही सच्चाई छुपी हुई है। एक लोकतान्त्रिक व्यवस्था में सेना का इस्तेमाल जितना कम हो उतना अच्छा। मगर लालू यादव जैसे सामाजिक न्याय के मसीहाओं से लेकर चन्द्रबाबू नायडू जैसे कम्प्यूटर क्रान्ति वाले तक कहीं भी स्थिति बिगड़ती दिखे या निष्पक्ष चुनाव की बात आए, सेना बुलाने की वकालत करने लगते हैं।

'शूल' या 'क्रान्ति' जैसी फिल्में कुछ फूहड़ ढंग से इसी मानसिकता को अभिव्यक्त करती हैं। इसलिए हम पाते हैं कि उसमें वे नेता ज्यादा खलनायक बन रहे हैं जो समाज के सवर्ण तबके से नहीं आते। इन दिनों हिन्दी बोलने वाला एक घोटालेबाज नेता आपको अमूमन हर दूसरी फिल्म में मिल जाएगा जो सीधे लालू यादव का उपहास है—बावजूद इस सच के कि हवाला से लेकर तहलका तक जो बड़े कान्ड

हुए हैं, उनमें ऊँची जातियों से आने वाले नेताओं की अन्तर्लिप्तता बड़ी रही है। यहीं से इन फिल्मों की वह सीमा उजागर होने लगती है जो अपने सही रूप में एक रुग्ण समाज की सीमा भी है और इसलिए फिल्मों में अभिव्यक्त हो रही है। अलबत्ता ये फिल्में पूरे समाज के लिए खतरे की घण्टी हैं और खासकर उनके लिए, जो इस व्यवस्था के निर्माता बनते हैं। हो सकता है, नेता उतने बुरे न होते हों जितनी हमारी फिल्में उन्हें चित्रित करती हैं। लेकिन उनके बारे में यह राय अगर बन और पसर रही है तो इससे उन्हें चिन्ता होनी चाहिए।

आज के नायक की अन्धी दौड़

साठ के दशक में दिलीप कुमार की एक फिल्म आयी थी 'आदमी'। फिल्म की कहानी में पारम्परिक रोमांस और गीत-संगीत तो थे ही, एक महत्त्वपूर्ण मनोवैज्ञानिक अन्तर्द्वंद्व भी मौजूद था। दिलीप कुमार यानी नायक बड़े घर का बेटा है और एक गुड़िया से उसे बेहद लगाव है। बचपन में उसके सबसे प्रिय दोस्त ने वह गुड़िया लेनी चाही तो नायक ने उसे मार डाला। इस अपराध बोध ने नायक के आने वाले दिनों पर भी छाया डाली। वह लोगों की भलाई करता है और दूसरे मानवीय गुणों का सम्मान करता है। पर जब उसे अपनी होने वाली पत्नी और अपने मित्र मनोज कुमार के बीच किसी रिश्ते का शक होता तो उसके भीतर का पुराना राक्षस जाग जाता है। वह अपने दोस्त को मार डालने का प्रयास करता है। वह प्रयास सफल नहीं होता है, मगर नायक के भीतर एक प्रायश्चित का अहसास जागता है। यह पूरी फिल्म हिन्दी सिनेमा के पारम्परिक त्रिकोण पर ही टिकी थी और एक सुखद अन्त के साथ खत्म होती है। मगर फिल्म में नायक के भीतर का अन्तर्द्वंद्व तीखे ढंग से खुलता है। नायक अपने भीतर के राक्षस को पहचानता है, उससे लड़ना चाहता है, लड़ता भी है, थोड़ी देर के लिए उससे पराजित भी होता दिखता है, मगर अन्ततः वह इस राक्षस को समाप्त करता है और उसके भीतर का आदमी जीतता है।

वर्ष 1994 में शाह रुख खान की एक फिल्म आती है, 'अंजाम'। यहाँ बड़े घर का नायक अपनी पसन्द की हर चीज हासिल कर लेना चाहता है, चाहे उसके लिए कोई भी कीमत देनी पड़े, किसी भी हद तक जाना पड़े। वह एक लड़की को देखता है और उसे चाहने लगता है। नायिका की शादी कहीं और हो जाती है। यों भी वह इस बिगड़े हुए नायक को नापसन्द करती है। लेकिन नायिका की पसन्द-नापसन्द से वेपरवाह नायक का जुनून इतना गहरा है कि वह उसके पति की हत्या कर देता है। इसके बाद भी नायिका नहीं मानती है तो वह उसे अदालत में झूठे मुकदमे की मार्फत जेल भिजवा देता है। नायिका लौट कर आती है और वह अपने ऊपर किये गये अत्याचारों का इन्तकाम नायक और उसके सहयोगियों की हत्या कर लेती है। इस फिल्म में भी नायक बचपन में एक गुड़िया से प्यार करता है और बचपन में पढ़ी हुई एक कविता उसे बार-बार कौंधा करती है। 'माँ मुझे वह तारा दे दो, मुझको मेरा प्यारा दे दो।' मगर इस तारे को पाने की वहशी चाहत नायक को कोई नया आकाश छूने की प्रेरणा दे सकने की जगह दूसरों के पंख छीनने की मानसिकता देती

है। पूरी फिल्म में नायक के भीतर मूल्यों का कहीं कोई अंतर्द्वन्द्व नहीं है। उसका जुनून ही उसका एकमात्र तर्क है।

सिनेमा को भारतीय समाज के एक परंपरारूढ़ वर्ग ने हमेशा से नाक-भौं सिकोड़ कर देखा है और उसे एक 'बिगाड़ने वाले' मनोरंजन में रूप में पहचाना है। लेकिन वह सच है कि किसी भी दौर के नायक में उस दौर की मानसिकता, प्रवृत्तियाँ और इच्छाएँ भी अभिव्यक्त होती हैं। साठ के दिलीप कुमार से लेकर नब्बे के शाह रुख खान तक नायकत्व की यह बदलती हुई अपील दो दौरों में आये फर्क को बताती है। 'आदमी' में अपने भीतर के राक्षस से लड़ते दिलीप कुमार और 'अन्जाम' में उस राक्षस को पेश करते शाह रुख खान के नायकत्व में हम अपने समाज की बदलती हुई सच्चाइयों का परीक्षण कर सकते हैं। आखिर क्या वजह है कि एक दौर के नायक को, जो अन्तर्द्वंद्व मथता रहता है, उसी अन्तर्द्वंद्व को दूसरे दौर का नायक एक झटके से उखाड़ फेंकता है? सबाल यह भी है कि इन दोनों नायकों के बीच के अन्तराल में जो नायक-महानायक रहे हैं, वह इस बदलते हुए समाज को किस ढंग से प्रतिबिम्बित करते हैं?

वस्तुतः यह बात पुरानी हो चुकी है कि आजादी के पहले और बाद के दो एक दशकों में स्वाधीनता का जो नशा था, देश की पुनर्रचना का जो संकल्प था और नेहरू के साथ-साथ देश भर में सामाजिक-राजनीतिक बदलाव के लिए जिया जा रहा जो भावुक समाजवादी सपना भी, उसे उस दौर के सिनेमा ने एक रूमानी अभिव्यक्ति दी।

विमल राय से से लेकर राजकपूर, दिलीप कुमार और गुरुदत्त तक का यह दौर 'अछूत कन्या', 'प्यासा', 'जिस देश में गंगा बहती है' जैसी ढेर सारी फिल्मों की मार्फत उस अभिव्यक्ति को विस्तार देता रहा। इन सारी फिल्मों के आदर्शवादी नायक भारतीय समाज के इस आलोड़न की उपज रहे और इन नायकों के साथ-साथ सपने देख रही बहुत बड़ी भारतीय दुनिया खुश और उदास, निराश और आशान्वित होती रही।

मगर धीरे-धीरे यह आदर्शवादी नायक छला जाता रहा। उसके सपने बिखरते गये। समाज की पुनर्रचना का उसका संकल्प बार-बार टूटा। सामाजिक सच्चाइयों की खौफनाक गलियों में उसके आदर्श बार-बार भटकते रहे। इसके बाद दो ही रास्ते थे, या तो रोमांस के बाग-बगीचों में भटका जाये या फिर इन सच्चाइयों का किसी दूसरे ढंग से व्यक्तिगत स्तर पर सामना किया जाये। हिन्दी सिनेमा ने इन दोनों रास्तों का खूब दोहन किया। राजेंद्र कुमार, शम्मी कपूर और राजेश खन्ना तक नायकों की कई पीढ़ियाँ पेड़ों के पीछे लुकती-छिपती, दौड़ती-भागती रहीं और नायिका को रिझाती रहीं। मगर सत्तर के दशक में एक नये नायक का अवतरण हुआ, जिसने सहसा समाज के युवा वर्ग के भीतर पक रहे गुस्से को अभिव्यक्ति

दी। यह था अमिताभ बच्चन, जिसके प्रभामंडल ने पिछले और आने वाले वर्षों के तमाम नायकों को धूमिल कर दिया। यह नायक समाज और व्यवस्था के चलन से नाराज था। पैसे के बढ़ते रुतबे से प्रभावित भी, मगर उसके नकारात्मक पहलुओं को समझता था। 'दीवार', 'जंजीर' से शुरू होकर 'इंकलाब' तक के दौर की अपनी फिल्मों में अमिताभ ने इसी नायक को प्रतिष्ठित किया। यह नायक या तो गरीब घर में जनमता था या फिर अमीर बाप का बेटा होने के बावजूद फुटपाथों पर पलता था, समाज की ठोकरें खाता था, फिर उसी समाज में अपनी जगह बनाता था और अन्ततः बुरे लोगों का खात्मा करता था। उसे अपनी गरीबी से पनपे आत्मविश्वास से ताकत मिलती थी, वह पूरी व्यवस्था से अकेले टकराता था।

लेकिन आज हमारे सामने जो नायक है, उनमें सामाजिक मूल्यों के प्रति कोई निष्ठा तो खैर रही ही नहीं है, एक एकांतिक-सा सुख उनके मनोविज्ञान का हिस्सा बनता जा रहा है। 'शोले' का अमिताभ बच्चन एकान्त में अपने माउथ ऑर्गन के साथ अपने दुःख को जीता है। 'शक्ति' में लगभग यही बात है। मगर आज यह दर्शन बदल गया लगता है। सुख एकान्त में हासिल करने की चीज होता जा रहा है, बल्कि सुख भी नहीं, एक नकली-सी खुशी—जो किसी गुड़िया, किसी लड़की की मार्फत व्यक्त होती है। आज के नायक की तड़प के पीछे कोई सामाजिक चेतना नहीं है, सिर्फ व्यक्तिगत और नितान्त व्यक्तिगत मांग है। उसे अपने ढंग की कार चाहिए अपनी मर्जी के कारखाने चाहिए, अपना हुक्म बजा लाने वाले कारकून चाहिए, और अपनी पसन्दीदा लड़की चाहिए और अपनी इस चाहना के प्रतिदान के रूप में अगर उसके पास कुछ है तो वह है रुपया, वह भी अपनी मेहनत से कमाया हुआ नहीं, बल्कि माँ-बाप से अर्जित किया हुआ।

फिर जिन्दगी की तेज रफ्तार में खत्म होती सामाजिकता की मजबूरियों ने इनके लिए सुख और दुख की परिभाषा बहुत सिकोड़ कर रख दी है। अपनी इच्छित वस्तु न पाने पर वे दुखी हो जाते हैं और उसे पा लेने पर सुखी हो जाते हैं। परिवार और समाज से इनका बढ़ रहा कटाव इन्हें ऐसे ही नकली सुखों को सीने से चिपकाये रखने के लिए प्रेरित करता है। कहना न होगा कि ये सारी बातें मिल कर एक रुग्ण मनोविज्ञान को जन्म देती हैं। आज का नायक इसी रुग्ण मनोविज्ञान का नायक है। 'बाजीगर' का शाह रुख खान प्रतिशोध के लिए अपनी प्रमिका को एक बहुत ऊँची इमारत से नीचे धकेल देता है और अपने अपराध का सुबूत मिटाने के लिए हत्या पर हत्या करता चलता है। 'रॉकी' से अपना सफर शुरू करने वाला संजय दत्त 'खलनायक' में परिवार और समाज से कटे हुए एक रुग्ण नायक को स्थापित करता है। 'डर' का शाह रुख खान भी विखंडित व्यक्तित्व से पनपे जुनून की ही उपज है। 'सड़क' के संजय दत्त के भीतर बचपन में अपनी बहन के साथ अत्याचार की गाँठ है और उम्र भर वह उसके सपनों में अपने आपको सामने लाती है, जहाँ

से उसका प्रतिशोधात्मक सफर शुरू होता है।

इन सारे नायकों या प्रतिनायकों के व्यक्तित्व का सबसे खतरनाक पक्ष यह है कि इनके पास कोई मूल्य चेतना नहीं है। हर पीढ़ी अपने संघर्षों से अपने मूल्य अर्जित करती है, मगर त्रासद यह है कि आज के दौर में संघर्ष की चाह ही व्यवस्था के ऑक्टोपॉसी पंजे में दब कर घुट गयी है। सिर्फ एक अन्धी दौड़ जारी है, जिसे अपने लिए कुछ हासिल कर लेने का जुनून संचालित कर रहा है।

यहाँ आ कर एक सवाल यह भी बेचैन करता है कि कहीं यह नायक की मृत्यु का दौर तो नहीं? क्योंकि नायकत्व का कोई भी आभामन्डल जिन सकारात्मक गुणों से बनता है वे आज के नायक में नजर नहीं आते। इस अनायक दौर की पुष्टि इस तथ्य से भी होती है कि इन दिनों ढेर सारी फिल्में ऐसी बन रही हैं जिनमें नायिकाएँ नायक की जगह ले रही है। वे महज पारम्परिक नायिका प्रधान फिल्में नहीं हैं, बल्कि इनमें नायिका अपनी रीतिबद्ध सीमाओं को तोड़ती है। मिसाल के तौर पर एन. चन्द्रा की अधिकतर फिल्मों में नायक की जगह नायिका ले लेती है। चाहे वह 'अंकुश' हो, 'प्रतिघात' हो या 'तेजस्विनी'। इसी तरह राजकुमार सन्तोषी की फिल्म 'दामिनी' में भी नायिका नायक का काम करती है। 'अन्जाम' में नायिका अपने ऊपर हुए अत्याचारों का बदला नायक और उसके साथियों की हत्या से लेती है। ऐसी बनी हुई और बन रही फिल्मों की सूची और भी लम्बी है। लेकिन इन सबके बीच का एक खतरा यह प्रतीत होता है कि ये सारी नायिकाएँ प्रतिशोध और हिंसा की उसी अन्धी भूलभुलैया की तरफ जाती दिख रही हैं जहाँ जा कर हिन्दी फिल्मों के नायक गुम हो गये हैं। बहरहाल भारतीय समाज और हिन्दी सिनेमा का वर्तमान सच डरावना है और ऐसी स्थितियाँ पैदा करनी चाहिए कि नये किस्म के नायक का जन्म हो।

अपने ही जादू में घिरता बाज़ीगर

क्या फिल्मी सितारों के जीवन में एक दौर ऐसा आता है जब वे खुद अपनी शोहरत के जादू में फँस जाते हैं? जैसे मान बैठते हों कि परदे पर जिस महानायकत्व का वे प्रदर्शन कर रहे हों, वह उनका अभिनय नहीं, वास्तविक जीवन है और वे कुछ भी करें तो कामयाब होंगे? क्या अस्सी के दशक की शुरुआत में अमिताभ बच्चन के जीवन में ऐसा समय आया था और इन दिनों शाह रुख खान के जीवन में आया हुआ है? पहले अमिताभ को याद कर लें। जंजीर, दीवार, शोले, अमर अकबर ऐंथनी, डॉन, मुकद्दर का सिकन्दर, शक्ति, लावारिस, नसीब और नमकहलाल जैसी दिलचस्प फिल्में देने के बाद ऐसा क्या हुआ कि वे महान, तूफान, जादूगर, शहंशाह जैसी अजीबोगरीब फिल्मों के जाल में फँस गये? जैसे उन्होंने मान लिया हो कि वे जिस चीज को छू देंगे, सोना हो जाएगी। शायद इसी महानायकत्व का भ्रम था कि अमिताभ बच्चान ने एबीसीएल नाम की एक कम्पनी भी बना ली। शायद 'त्रिशूल' के अपने नायकत्व को याद करते हुए- कि अभी पाँच फूटी कौड़ियाँ भले न हों, पाँच करोड़ जमा करने में वक्त नहीं लगेगा। हालाँकि जब एबीसीएल बना रहे थे तब अमिताभ फूटी कौड़ी खोज नहीं रहे थे, करोड़ों में खेल रहे थे।

लेकिन उनकी फिल्में भी पिट गयीं और एबीसीएल भी मार खा गया। एक दौर ऐसा भी था जब अमिताभ ने खुद को माली संकट और कर्ज के बीच पाया। इसी दौर में उन्हें ऐसे दोस्तों का सहारा लेना पड़ा, जिन्हें अपनी फिल्मों में वे पीटना पसन्द करते। क्या त्रासदी है कि फिल्मों में जो नायक गिरे हुए पैसे नहीं उठाता था, वह अपने जीवन में टुच्चे नेताओं और उद्योगपतियों के गले मिलते, उनके पाँव छूते देखा गया।

अमिताभ इलाहाबाद से चले, शाह रुख दिल्ली से। अमिताभ सत्तर के दशक के सुपर स्टार रहे, शाह रुख खान 90 के दशक के। शायद इस देशकाल का भी फर्क है जो शाह रुख को अमिताभ बच्चन वाले जाल में फंसने नहीं देता। शाह रुख को मालूम है कि उन्हें बस मनोरंजन का धंधा आता है। वे खुद को इंटरटेनर बताते रहे हैं। लेकिन हाल के दिनों में शाह रुख खान की जो फिल्में आ रही हैं वे बता रही हैं कि शाह रुख पर भी अपने स्टारडम का जादू हावी हो रहा है। उनकी इधर की फिल्मों का नायक जैसे कहानी का चौखटा तोड़कर बाहर निकलना चाहता है, याद दिलाता हुआ कि असल में वह स्टार है, उसको सिर्फ एक किरदार में बाँधकर

न देखा जाये। इतना ही नहीं, उनकी फिल्में बेहद खास हैं जिनकी कहानियाँ कोई और ईश्वर नहीं तो और कौन?-लिख रहा है।

ओम शान्ति ओम में शाह रुख खान यही बोलते हैं। कहानी कोई और लिख रहा है, क्योंकि फिल्म में ऐसे इत्तिफाक हो रहे हैं जो जीवन में मुमकिन नहीं हैं। हिन्दी सिनेमा में यह कोई नयी बात नहीं है। नयी बात सिर्फ इतनी है कि इस बार यह सीक्वेंस किसी लेखक का नहीं, सीधे ईश्वर का लिखा बताया जा रहा है।

अगली फिल्म 'रब ने बना दी जोड़ी' में भी लगभग यही सम्वाद दुहराया जाता है। शाह रुख की पत्नी-नयी नवेली नायिका-अनुष्का शर्मा अपने पति को हल्के से मेकअप में नहीं पहचान पाती तो इसे भी शाह रुख किसी ईश्वर की इच्छा के हवाले कर देते हैं। कहानी इन्सान नहीं, भगवान लिख रहा है—जोड़ी रब बना रहा है।

इस बड़े नायक का काम एक नायिका से नहीं चलता। 'ओम शान्ति ओम' में उसके साथ बॉलीवुड की करीब 30 नायिकाएँ नाचती हैं। 'रब ने बना दी जोड़ी' में भी कई नायिकाएँ नाचने को आती हैं। आखिरी फिल्म बिल्लू में यह सब नहीं है, लेकिन वहाँ भी शाह रुख एक स्टार ही है। और अब उनको जो नयी फिल्म आ रही है, उसके नाम पर भी शाह रुख की छाया है—माई नेम इज खान।

इस बात में कोई हर्ज नहीं कि कोई नायक अपने नाम पर, अपनी शोहरत पर गरूर करे। लेकिन जिस दिन वह अपने नायकत्व को ही आखिरी लकीर बना लेता है उस दिन से उसकी ढलान शुरू हो जाती है। फिल्में सितारों के दम पर चलती हैं, लेकिन सितारे भी फिल्मों के दम पर ही चलते हैं। जब सितारा अपनी फिल्म पर बुरी तरह हावी होता दिखे तो समझना चाहिए कि उसके आखिरी दिन शुरू हो गये। जब तक राजेश खन्ना अच्छी पटकथा, अच्छे संगीत और अच्छी फिल्मों के सहारे चले, तब तक उन जैसा सुपर स्टार कोई नहीं दिखा, लेकिन जहाँ काका ने खुद को थोपना शुरू किया, वहाँ वे खत्म हो गये। अमिताभ बच्चन का भी एक दौर में यह हश्र होता लगा। ये सच है कि उनके बुढ़ापे ने उन्हें बचा लिया।

शाह रुख खान के लिए अभी वह वक्त नहीं आया है। लेकिन जब सारी कहानियाँ ईश्वर ही लिखेगा तो ईश्वर के भरोसे ही फिल्म रह जाएगी। शाह रुख खान इसका खयाल रखें तो उनकी बादशाहत की उम्र कहीं ज्यादा लम्बी होगी। अगर वे अपने सम्मोहन के खुद ही शिकार हो गये तो दर्शक पर उनका जादू नहीं चलेगा। क्योंकि तब बो अपने-आप में खोए, अपनी भव्यता में अभिभूत ऐसे स्टार रह जाएँगे जिसका लोगों से कोई वास्ता नहीं होगा।

एक अकेला इस शहर में

क्या फिल्मी गीतों को हम कविता या कला की श्रेणी में रख सकते हैं? प्रचलित तर्क कहता है कि जो गीत व्यावसायिकता के तकाजों पर लिखे जाते हों और जिनमें किसी खास 'सिचुएशन' का खयाल रखने की मजबूरी हो, जिनके साथ पहले से तय धुन में बँधे रहने की शर्त जुड़ी हुई हो, उन्हें हम वैसी शुद्ध कलात्मक अभिव्यक्ति का दर्जा नहीं दे सकते जैसी कविता या ऐसी ही किसी दूसरी विधा को देते हैं। लेकिन यह एक अधूरा तर्क है। चाहे जिस दबाव में लिखी जाए, रचना अन्ततः अपनी स्थितियों से मुक्त हो जाती है—कई बार अपने रचनाकार से भी। वह नये अर्थ, नयी संवेदना पैदा करती है और पाठकों के लिए, पीढ़ियों के लिए पुनर्नवा होती रहती है।

जो रचना ऐसी संवेदना न पैदा कर सके, वह चाहे जितने शुद्ध मनोभाव से, चाहे जैसी भी रचनात्मक प्रेरणाओं से लिखी जाये, वह अच्छी कविता नहीं हो सकती। दूसरी ओर, चाहे जैसे व्यावसायिक तकाज़ों और सिचुएशन के दबावों में लिखी जाये, कोई रचना अगर हमारे भीतर कोई गूँज-अनुगूँज पैदा करती है, कोई सूक्ष्म संवेदना जगा पाती है तो उसमें निहित कविता को हम नजरअन्दाज नहीं कर सकते। कह सकते हैं कि फिल्मी गीतों को कविता न मानने के अपने पूर्वग्रह की वजह से हमने शैलेंद्र, साहिर, शकील बदायूँनी, मजरूह सुल्तानपुरी और गुलज़ार जैसे गीतकारों का ठीक से मूल्यांकन नहीं किया और एक लिहाज से उनका और अपना दोनों का नुकसान किया।

इस लिहाज से देखें तो गुलज़ार के गीतों पर केन्द्रित विनोद खेतान की किताब 'उम्र से लम्बी सड़कों पर' कम से कम एक कवि के मामले में इस नुकसान की काफी कुछ भरपाई करती है। विनोद खेतान ने बड़ी सहजता से इन गीतों में निहित काव्य तत्व की पड़ताल की है और बिल्कुल कविता की तरह उनका मूल्यांकन किया है। अच्छी बात यह है कि इस मूल्यांकन में उन्होंने बहुत छिद्रान्वेषी आलोचक नज़रिया अपनाने की जगह एक रसाग्रही प्रशंसक की दृष्टि अपनाई है और इसलिए इन गीतों की संवेदना को समझना, उन्हें आत्मसात करना और उनमें छुपे नये अर्थों तक पहुँचना उनके लिए सुकर साबित हुआ है। किसी भी बड़े कवि को एक ऐसा आलोचक चाहिए होता है जो उसकी कविता में उतर कर उसका एक सारगर्भित और संशयरहित पाठ तैयार करे और उसके प्रति पाठक को संवेदनशील बनाये। तुलसी

के सन्दर्भ में यह काम रामचन्द्र शुक्ल ने किया तो कबीर के सन्दर्भ में हजारी प्रसाद द्विवेदी ने। रामविलास शर्मा ने निराला के लिए यह काम किया।

निस्सन्देह गुलज़ार तुलसी, कबीर या निराला नहीं है और न ही विनोद खेतान रामचन्द्र शुक्ल, हजारी प्रसाद द्विवेदी या रामविलास शर्मा हैं। लेकिन कवि और आलोचक के बीच का जो सख्य भाव इस तरह के पाठ को सम्भव करता है, वह गुलज़ार और विनोद खेतान के रिश्ते में दिखता है। डॉ. विनोद खेतान गुलज़ार के गीतों के बहुत गहन अध्येता और संकलनकर्ता साबित होते हैं। इस किताब में गुलज़ार के करीब 200 गीत संकलित हैं। हर गीत के साथ उसकी फिल्म, फिल्म के साल, गायक और संगीतकार तक के नाम दिये गये हैं। लेकिन यह किताब गुलज़ार के गीतों का सिर्फ संकलन या सम्पादन नहीं है, यह इन गीतों को जोड़ती हुई एक स्वतन्त्र किताब भी है। लेखक ने बड़े जतन से इन गीतों को अलग-अलग खानों में बाँटा है और हर खाने को गुलज़ार की फिल्मों की ही तरह एक शब्द का नाम दिया है। बेहद, जय हो, दिल, चाँद, ख्वाब, रिश्ते, आँखें, यादें अदा, लिबास, पल, सफर, थपकी जैसे अध्यायों के बँटी यह किताब गुलज़ार के गीतों के अलग-अलग रंग पहचानने का भरपूर मौका देती है। हर अध्याय के पहले लेखक की एक लम्बी टिप्पणी है जो इन रंगों की चमक और गहराई को बड़े करीने से हमारे सामने रखती है। विनोद खेतान ने पूरे मनोयोग से, एक कविता मर्मज्ञ की तरह, इन गीतों के बारे में लिखा है और अक्सर इन्हें पढ़ते हुए यह खयाल आता है कि वाकई गुलज़ार की कितनी रंगतें खोज लाने में वे कामयाब रहे हैं।

मिसाल के तौर पर, गुलज़ार के गीतों में आते-जाते, रंग बदलते चाँद को लेकर वे लिखते है कि 'इन गीतों में, चाँद कभी संज्ञा है, कभी कारक, कहीं उपमा तो कहीं उपमान, कहीं अलंकार तो कहीं विशेषण, कहीं व्यंजना है, कहीं लक्षणा और अगर चाँद सिर्फ चाँद है तो वह चाँद तो है ही न, भाषा विज्ञान की हदों को तोड़ता है यह चाँद और किसी जादू की पुड़िया की तरह उसमें से कुछ भी निकल सकता है—कोई भी रूप, कोई भी अर्थ।'

और वाकई, गुलज़ार ने चाँद को इतने लिबास पहनाएँ हैं, इतनी भंगिमाओं और भूमिकाओं में पेश किया है, इतनी धज और इतने अर्थ दिये हैं कि चाँद भी मालामाल हो गया है और गुलज़ार की कविताओं का आसमान भी जगमगा उठा है। दरअसल पूरी किताब पढ़ते हुए हम पाते हैं कि गुलज़ार की कविता मूलतः रूपकों से बनी और रूपकों में बसी कविता है। इन गीतों में रिश्तों की उलझनें हैं, ख्वाबों की चमक है, मोहब्बत की मुलायमियत है, कहीं जमाने की अलमस्ती भी है और लीक तोड़कर आगे जाने का बीहड़ साहस भी। सच तो यह है कि हिन्दी फिल्मों की वाचाल दुनिया में खामोशी का मर्म समझने वाले, रोशनी की चमक-दमक के बीच छायाओं का खेल पहचानने वाले और कम बोलकर ज्यादा कहने का सलीका

जानने वाले जो गिने-चुने फनकार है, उनके बीच गुलज़ार का अलग मुकाम है। हिन्दी फिल्मों की दुनिया अक्सर बड़े सतही ढंग से हुस्न और इश्क की कहानियाँ कहा करती है, लेकिन नूर की बूँद की तरह सदियों से सभ्यताओं को रोशन करने वाली मोहब्बत की शमा जब गुलज़ार थामते हैं तो परवानों को जलाने का खेल पीछे छूट जाता है और लोगों को समन्दर में परछाइयाँ बनाती, पानियों के छींटे उड़ाती और लहरों पर आती-जाती वह लड़की दिखाई पड़ती है जो बहुत हसीन नहीं है, लेकिन अपनी मासूम अदाओं में बेहद दिलकश है। गुलज़ार आए तो अपने साथ नयी कला लाए और रिश्तों की नयी गहराई भी। उनके गानों में चाँद तरह-तरह की पोशाकें पहनकर आता है, नैना सपने बंजर कर देते हैं और बताते हैं कि जितना देखोगे उतना दुख पाओगे।

खास बात यह है कि गुलज़ार ने यह कविता फिल्मी माहौल की अलग-अलग चुनौतियों से जुझते हुए, उनका जबाब खोजते हुए अर्जित की है। शायद इसलिए कि वे लीक पर नहीं चले, उन्होंने अपनी अलग लीक बनायी। गोरे रंग पर गुमान करने वाली फिल्मी दुनिया में अपना पहला गीत लाये तो इस अर्ज़ के साथ कि 'मोरा गोरा अंग लई ले, मोहे श्याम रंग दई दे।' जब फिल्मी दुनिया ने महीन और मुलायम किस्म की शायरी के लिए उनका लोहा मान लिया तो अचानक 'सत्या' और 'ओंकारा' जैसी फिल्मों के रूखे और जटिल यथार्थ के बीच एक अलग से मिजाज की कविता रच दी। 'गोली मार भेजे में, भेजा शोर करता है, भेजे की सुनेगा तो मरेगा कल्लू' में जितना टपोरीपन है, उससे कहीं ज्यादा मानीखेज खिलंदड़ापन है। इसी तरह 'ओंकारा' के 'बीड़ी जलाई ले' में गुलज़ार बड़ी बारीकी के साथ वह नाजुक सन्तुलन बनाये रखते हैं जो न हो तो पूरा गीत अश्लील लगने लगे। बहुत खुरदरी और लगभग खुरचती-छीलती स्थितियों में भी एक सार्थक गीत रचना गुलज़ार के ही बूते की बात है। सबसे बड़ी बात है कि ये सारे खेल वे इतनी सादगी और सहजता से करते हैं कि अक्सर उनके गीत जुबान पर चढ़ जाते हैं। 'हमको मन की शक्ति देना' तो कई स्कूलों में प्रार्थना की तरह गाया जाने लगा है। एक कविता की इससे बड़ी सार्थकता क्या हो सकती है कि वह सच्चे अर्थों में प्रार्थना बन जाये?

दूसरी बात यह कि गुलज़ार के इन गीतों में भाषा का जो वैविध्य है, वह सिर्फ हिन्दी का नहीं, एक तरह की अखिल भारतीयता का वैविध्य है। गुलज़ार हिन्दी-उर्दू के प्रचलित शब्दों के अलावा पंजाबी, कश्मीरी और कई दूसरी भाषाओं से शब्द और शैली लेते हैं और उसे भाषा या कविता में इस खूबसूरती से सजाते हैं कि लगता ही नहीं कि उसकी जगह कोई दूसरा शब्द भी आ सकता था।

विनोद खेतान की किताब निस्सन्देह गुलज़ार के इन सभी रूपों से, उनकी कई खासियतों से परिचित कराती है। उनकी बारीक नज़र गुलज़ार के उन गीतों पर भी है जिनके एक से ज्यादा रूप प्रचलन में आ चुके हैं। ज़ाहिर है, गुलज़ार ने

अलग-अलग समय में उन्हें बदला है, फिर से रचा है।

बहरहाल, गुलज़ार को कवि मान लें तो हिन्दी की कविता-पंक्ति में उन्हें कहाँ रखेंगे? उन्हें पढ़ते हुए विनोद खेतान को टैगोर भी याद आते हैं, ग़ालिब भी, शैलेन्द्र-साहिर भी याद आते हैं और विनोद कुमार शुक्ल भी। इसमें सन्देह नहीं कि गुलज़ार के गीतों में कई परम्पराओं का पानी बोलता है और कई समकालीन मुहावरे भी। यह चीज़ भी उनकी कविता को बड़ा बनाती हैं। लेकिन क्या हम गुलज़ार को- उनकी शिल्पबहुलता और उनके कथ्य विस्तार के बावजूद-अपने कई समकालीन कवियों के बीच रख सकते हैं? जब हम इन गीतों को शुद्ध कविता की तरह- उनकी धुनों से काट कर- पढ़ने की कोशिश करते हैं तो यह समझ में आता है कि गुलज़ार की जो गहराई कुछ गीतों में अपने जादुई चरम पर दिखती है, वही कई गीतों में सपाट पड़ जाती है। पूछा जा सकता है कि जब ये धुनों में रचे गीत हैं तो इन्हें धुनों से काट कर क्यों पढ़ा जाए? आखिर शिल्प का भी अपना एक स्वायत्त वजूद होता है जो रचना की सम्प्रेषणीयता के लिए काफी महत्त्वपूर्ण होता है।

बहरहाल, इन सबके बावजूद, गुलज़ार मूलतः और अन्ततः एक रोमानी शायर ही बने रहते हैं- निस्सन्देह एक ऐसे रोमानी शायर जिन्हें पढ़ना हमेशा सुखद लगता है, जिन्हें पढ़ते हुए अपने रिश्तों की दुनिया कुछ और महीन और सुन्दर ढंग से हमारे सामने खुलती है। ऐसा अच्छा रोमानी शायर होना भी आसान नहीं है। लेकिन शमशेर के यहाँ जो रोमानी कविताएँ हैं, वे अचानक बहुत बड़ी और बहुपरतीय सम्प्रेषणों वाली जान पड़ती है, केदारनाथ सिंह अपनी ऐंद्रीयता से, विनोद कुमार शुक्ल अपनी सूक्ष्मता से और रघुवीर सहाय अपनी बौद्धिक चौकसी से गुलज़ार से आगे दिखाई पड़ते हैं। बीच में और भी कवियों के नाम लिए जा सकते हैं। सच तो यह है कि गुलज़ार का रूपकाश्रित काव्य संसार बहुत कुछ अमृता प्रीतम की याद दिलाता है जिनको बहुत बड़ी तादाद में पाठक मिले। सच यह भी है कि गुलज़ार या अमृता प्रीतम के पाठकों या प्रशंसकों की दुनिया हिन्दी के श्रेष्ठ कवियों के प्रशंसक-समाज से कई गुना बड़ी है। शायद दोनों की तुलना भी बेमानी है- लेकिन कवि होने की कामना रखने वाले गुलज़ार को रचना के स्तर पर इस तुलना का सामना करना पड़ेगा।

निस्सन्देह यहाँ कुछ उर्दू कवियों से उनकी तुलना की जा सकती है। फैज़ अपनी पृष्ठभूमि और अपने वैचारिक रुझानों के साथ मेल खाती अपनी रोमानी शायरी के साथ बहुत पढ़े और सराहे गये। लेकिन फैज़ में न वह गहराई दिखती है न वह विस्तार, जो गुलज़ार की कविता सम्भव करती है। बहुत दूर तक यही बात बशीर बद्र और फ़राज़ अहमद के लिए भी कही जा सकती है जिनकी बड़ी कोमल अभिव्यक्ति अन्ततः गुलज़ार के सामने बहुत इकहरी जान पड़ती है। जावेद अख्तर तो इस कतार में आते तक नहीं। कुछ हद तक निदा फाजली ऐसे शायर दिखते

है जिन्होंने जिन्दगी और जमाने को लेकर कुछ मानीखेज और गम्भीर बाते कहने की कोशिश की है और जिन्हें खूब पढ़ा बया है। सच है कि गुलज़ार अपने दौर में काफी बड़े दिखाई पड़ते हैं- लेकिन कहीं न कहीं यह बात अनदेखी नहीं रह जाती कि जिस फिल्मी दुनिया ने गुलज़ार को तरह-तरह की सिचुएशन दी और सबके हिसाब से लिखने की चुनौती भी, जिसने उन्हें ऐसी शोहरत दी कि वे जो कुछ भी लिखें, वह हाथोंहाथ लिया जाए, उसी ने उनकी कलम की वह परवाज छीन ली जो किसी शून्य में भटकते कवि को, किसी अतृप्त आत्मा को, किसी खोज में लगे सन्त, फकीर या शायर को रचना के ऐसे नये आसमान देती है जिसके आईने ने ज़माना अपने-आप को नये सिरे से पहचानता है और फिर उस रंग में ढल जाता है। गुलज़ार ने जो भी मूल्यवान लिखा है, अन्ततः वह बाजार की ही थाती है और इसी बाजार में उनकी जय हो गाई जा रही है।

'उम्र से लम्बी सड़कों पर', का असल मोल यही है कि वह गुलज़ार को इस बाजार की गिरफ्त से बाहर लाती है और पाठकों को याद दिलती है कि इस फिल्मी शायर को कहीं ज्यादा संजीदगी और सम्मान के साथ लेने और पढ़ने की जरूरत है। विनोद खेतान ही खुशकिस्मत नहीं हैं कि उन्हें गुलज़ार जैसे शायर मिले, गुलज़ार भी खुशकिस्मत हैं कि उन्हें विनोद खेतान जैसे मुरीद मिले जिन्होंने फिल्मी गीतों को लेकर बौद्धिक तबके के एक बेमानी पूर्वग्रह को तोड़ते हुए- उनके गीतों को साहित्य की तरह पढ़ने की जायज कोशिश की और हिन्दी के संसार के सामने सुखन की एक मुकम्मिल दुनिया गुलज़ार कर दी।

हिंदी साहित्य और सिनेमा का रिश्ता

तीन मई, 2012 को भारतीय सिनेमा अपने सौवें बरस में दाखिल हो गया। हिन्दी के कथा संसार की उम्र भी लगभग इसके बराबर है- शायद कुछ बरस ज्यादा, लेकिन दोनों समकालीन कहे जा सकते हैं। हिन्दी की पहली आधुनिक कहानी कहलाने की होड़ जिन रचनाओं में दिखती है, इनमें से एक चन्द्रधर शर्मा गुलेरी की 'उसने कहा था' है जिस पर फिल्म भी बनी। कायदे से हिन्दी साहित्य और सिनेमा के बीच एक पुल यह कहानी भी बनाती है। 1960 में बिमल राय प्रोडक्शंस के बैनर तले बनी इस फिल्म का निर्देशन मणि भट्टाचार्य ने किया था और इसमें सुनील दत्त और नन्दा जैसे कलाकारों ने मुख्य भूमिकाएँ अदा की थीं।

अनायास यह खयाल आता है कि साठ के दशक में कई दूसरी महत्त्वपूर्ण रचनाओं पर भी फिल्में बनीं। हिन्दी की किसी साहित्यिक कृति पर बनी इस दौर की सबसे कामयाब फिल्म 'तीसरी कसम' रही, जो फणीश्वरनाथ रेणु की कहानी 'मारे गये गुलफाम' पर बनी थी। फिल्म का निर्देशन बासु भट्टाचार्य ने किया था। हालाँकि उसके पहले 1963 में प्रेमचन्द के उपन्यास 'गोदान', और 1966 में 'गबन' पर फिल्में बनीं। बाद में सत्यजित रे ने प्रेमचन्द की ही 'शतरंज के खिलाड़ी' और 'सदगति' पर फिल्में बनायीं।

हालाँकि 1934 में जब प्रेमचन्द खुद मुम्बई- तब के बम्बई- पहुँचकर फिल्मी दुनिया में काम करना चाहते थे तो इतने कामयाब नहीं हुए। वैसे फिल्मी दुनिया में उनका संक्षिप्त प्रवास बताता है कि उनके व्यावसायिक लेखन में भी उनकी अपनी प्रतिबद्धताएँ नज़र आती रहीं। 1934 में वे मुम्बई पहुँचे और उन्होंने अजन्ता सिनेटोन में 8000 रुपये सालाना वेतन पर बतौर पटकथा लेखक नौकरी शुरू की। उन्होंने 'मजदूर' फिल्म की कहानी लिखी जिसका निर्देशन मोहन भवनानी ने किया था। फिल्म के केन्द्र में मजदूरों की बदहाली थी और एक प्रभावशाली व्यवसायी ने मुम्बई में फिल्म के प्रदर्शन के खिलाफ स्टे ले लिया। फिल्म लाहौर और दिल्ली में प्रदर्शित हुई, लेकिन जब इसने मजदूरों को मिल मालिकों के खिलाफ आन्दोलन के लिए प्रेरित करना शुरू किया तो इन शहरों में भी इस पर पाबन्दी लग गयी। फिल्म में प्रेमचन्द ने भी मजदूर नेता की छोटी-सी भूमिका अदा की थी। बहरहाल, उस दुनिया में प्रेमचन्द का दिल नहीं लगा और हिमांशु राय के समझाने के बावजूद वे बम्बई से लौट आए।

हिन्दी की जिन दूसरी कृतियों को फिल्मी दुनिया ने कुछ अहमियत दी, उनमें भगवतीचरण वर्मा का उपन्यास 'चित्रलेखा' रहा। पाप और पुण्य की अवधारणा पर लिखे गये इस उपन्यास पर दो बार फिल्में बनीं- पहली बार 1941 में और दूसरी बार 1964 में। दोनों बार केदार शर्मा ने ये फिल्में बनायीं। दूसरी बार बनी 'चित्रलेखा' का एक गीत काफी चर्चित भी हुआ- संसार से भागे फिरते हो।

यह सत्तर का दशक है जब हिन्दी सिनेमा हिन्दी साहित्य का हाथ थामने की कुछ और कोशिश करता है। फिल्म समीक्षक दिनेश श्रीनेत तो मानते हैं कि हिन्दी में नयी कहानी और नया सिनेमा दोनों साथ-साथ चले। बेशक, इसके कई प्रमाण दिखते भी है। 1969 में मणि कौल ने मोहन राकेश की कहानी 'उसकी रोटी' पर जो फिल्म बनायी, उससे हिन्दी में नये सिनेमा की शुरुआत मानी जाती है। इस फिल्म को बेहतरीन फिल्म का फिल्मफेयर समीक्षक सम्मान भी मिला। दो साल बाद मणि कौल ने मोहन राकेश के ही नाटक 'आषाढ़ का एक दिन' पर भी फिल्म बनाई और 1974 में विजयदान देथा की कहानी 'दुविधा' पर। हिन्दी साहित्य से मणि कौल का रिश्ता और दूर तक जाता है। मुक्तिबोध की कहानी 'सतह से उठता आदमी' पर भी उन्होंने अपनी तरह की एक अलग-सी फिल्म बना डाली।

यह शायद 1972 का साल था, जब कुमार शाहनी ने निर्मल वर्मा की कहानी 'मायादर्पण' पर इसी नाम से फिल्म बनाकर ठीक वही पुरस्कार जीता जो 'उसकी रोटी' पर मणि कौल जीत चुके थे। मणि कौल और कुमार शाहनी के अलावा बासु चटर्जी वे तीसरे निर्देशक हैं जो नयी कहानी से जुड़े लेखकों की कृतियों पर फिल्म बनाते नजर आते हैं। उन्होंने राजेंन्द्र यादव के उपन्यास 'सारा आकाश' और मन्नू भन्डारी की कहानी 'यही सच है' पर 'रजनीगन्ध' नाम से फिल्म बनायी।

वैसे फिल्मी दुनिया में किसी हिन्दी लेखक का जो सबसे कामयाब हस्तक्षेप रहा, वह नयी कहानी की त्रयी के तीसरे हस्ताक्षर कमलेश्वर की तरफ से दिखता है। उन्होंने समान्तर सिनेमा और व्यावसायिक सिनेमा दोनों में बराबर अधिकार के साथ काम किया- एक तरफ 'आँधी', 'मौसम', 'अमानुष', 'छोटी-सी बात' जैसी फिल्में लिखीं तो दूसरी तरह 'राम बलराम', 'द बर्निंग ट्रेन', 'साजन की सहेली' और 'सौतन जैसी कारोबारी और सितारों से सजी फिल्में भी। मनोहर श्याम जोशी ने भी 'पापा कहते हैं', 'अपु राजा', 'भ्रष्टाचार' जैसी कुछ फिल्मों की पटकथाएँ या संवाद लिखे। बरसों बाद श्याम बेनेगल ने धर्मवीर भारती की किताब 'सूरज का सातवाँ घोड़ा' पर इसी नाम से एक यादगार फिल्म बनायी। वैसे अस्सी के दशक में ही केशव प्रसाद मिश्र के उपन्यास 'कोहबर की शर्त' पर 'नदिया के पार' के नाम से एक सफल फिल्म भी बनी। अस्सी के दशक में शैवाल की कहानी 'दामुल' पर प्रकाश झा ने इसी नाम से फिल्म बनाकर इस सिलसिले को आगे बढ़ाया। इक्कीसवीं सदी के इस पहले दशक में विजयदान देथा की कहानी 'दुविधा' पर ही शाह रुख खान ने पहेली के नाम से

एक कारोबारी फिल्म बनाई जो खूब चली भी। संजय सहाय की कहानी 'शेषांत और काशीनाथ सिंह की कृति 'काशी का अस्सी' पर भी फिल्में बनी थीं।

दो-तीन साल पहले उदय प्रकाश के उपन्यास 'मोहनदास' पर बनी फिल्म इस सिलसिले की बस आखिरी कड़ी की तरह दिखाई पड़ती है। हिन्दी सिनेमा और हिन्दी साहित्य का साथ इससे आगे नहीं जाता। अन्ततः ये सारे लेखक साहित्य की दुनिया में लौट आते हैं। फिल्मी दुनिया से मायूसी या मोहभंग के बाद लौटने वाले लेखकों में हमारे वरिष्ठ उपन्यासकार अमृतलाल नागर भी दिखाई पड़ते हैं। सवाल है, आखिर हिन्दी के ये बड़े लेखक फिल्मों में कामयाब क्यों नहीं हो पाये? एक जवाब तो साफ है—लेखन एक स्वतन्त्र और एकांतिक विधा है जिसमें आप अपनी मर्जी से, अपनी प्रतिबद्धता और संवेदना के हिसाब से काम करते हैं, जबकि सिनेमा मूलतः एक कारोबार है जिसमें लेखन बहुत सारी दूसरी विधाओं के बीच तालमेल बिठाकर चलता है, यही नहीं कई बार उसमें व्यावसायिक समझौते भी करने पड़ते हैं। दूसरी बात, कहानी या उपन्यास लेखन के मुकाबले फिल्म लेखन कहीं ज्यादा जटिल विधा है जो एक तरह का पेशेवर प्रशिक्षण भी माँगती है।

लेकिन आखिरकार चाहे फिल्म लिखनी हो या उपन्यास लिखना हो—विधा तो वह शब्दों की है और उसमें कई रचनात्मक लोग भी लगे हुए हैं जिन्होंने बहुत अच्छा काम किया है। फिर क्या हिन्दी साहित्य और सिनेमा के बीच की दूरी का कुछ ऐतिहासिक परिप्रेक्ष्य भी है। जहाँ तक मैं देख पाता हूँ, दरअसल जिसे हम हिन्दी सिनेमा कहते हैं, एक तरह से उसकी शुरुआत उर्दू सिनेमा के रूप में हुई। ज्यादातर पटकथा-लेखक या गीतकार उर्दू की पृष्ठभूमि से आये या फिर हिन्दी-उर्दू दोनों की साझा विरासत से। हिन्दी के मुकाबले उर्दू लेखकों, सआदत हसन मंटो, कृष्णचन्दर, राजेंदर सिंह बेदी, ख्वाजा अहमद अब्बास, राही मासूम रजा, इस्मत चुगतई, गुलज़ार, जावेद अख्तर की आवाजाही सिनेमा की दुनिया में ज्यादा रही। इसी तरह गीतकारों में शकील बदायूँनी, साहिर लुधियानवी, कैफी आजमी, जांनिसार अख्तर, मजरूह सुल्तानपुरी आदि मूलतः उर्दू की पृष्ठभूमि से आये लोग रहे। हालांकि यह फिल्मी दुनिया ही याद दिलाती है कि इन लेखकों के सन्दर्भ में हिन्दी और उर्दू का फर्क देखना बेमानी है—आखिरकार ये एक ही जुबान के नुमाइंदे हैं। बेशक इनके समान्तर पंडित प्रदीप और भरत व्यास जैसे कुछ गीतकारों ने तत्समनिष्ठ हिन्दी में कई सफल गीत लिखे, लेकिन अन्ततः हिन्दी सिनेमा जिस पूरी पृष्ठभूमि से आता दिखाई पड़ता है, वह नाच-गानों से भरी वाजिद अली शाह के दरबार में चलने वाली इन्नरसभा से बनती है, बाद के दौर में पारसी थिएटर के नाटकों से जुड़ती है और अन्ततः उस परम्परा से, जिसका नाम उर्दू है।

बेशक, आजादी के बाद जब मुल्क बँटते हैं तो सिनेमा भी बँटता है, कलाकार-लेखक सब सरहद के इधर-उधर दिखते हैं। धीरे-धीरे एक नयी पीढ़ी सामने

आती है जो हिन्दी के कथा संसार में अपनी कहानियाँ खोजती है। लेकिन हकीकत यह है कि यह संसार उसकी बहुत मदद नहीं करता। उर्दू में किस्सागोई की जो लोकप्रिय परम्परा रही, हिन्दी का साहित्य उसके मुकाबले कहीं ज्यादा भारी-भरकम किस्म के यथार्थ का वाहक बना रहा। शायद यह हिन्दी साहित्य पर सामाजिक यथार्थ की अभिव्यक्ति का दबाव भी रहा जिसने उसे फिल्मों के अपेक्षया रोमांटिक संसार से दूर रखा। अब यह बात बहसतलब है कि इस प्रवृत्ति ने हिन्दी साहित्य का भला किया है या बुरा। सच्चाई सिर्फ इतनी है कि आज का हिन्दी लेखक एक बेचेहरा शख्स है जिसे उसका समाज ठीक से पहचानता नहीं। इसमें शक नहीं कि हिन्दी की गरीब बहन उर्दू इस मामले में अपने गद्य और पद्य दोनों में—अपने अफसानों में भी और अपनी शायरी में भी- हिन्दी के मुकाबले अपने समाज के कहीं ज्यादा करीब है।

बहरहाल, हिन्दी सिनेमा और हिन्दी साहित्य में बन रहा यह रिश्ता अब लगभग टूटा हुआ दिखता था। फिल्मों में आई नयी पीढ़ी हिन्दी साहित्य से कोसों दूर है और उसकी प्रेरणाएँ या तो पश्चिम के सिनेमा से आती हैं या फिर अंग्रेजी के साहित्य से। विशाल भारद्वाज 'मैकबेथ' और 'ऑथेलो' के अनूठे देसी संस्करण तैयार कर सकते हैं या रस्किन बॉन्ड की कृतियों पर 'ब्लू अंब्रेला' या 'सात खून माफ' जैसी फिल्में बनाते हैं। राजकुमार हिरानी चेतन भगत के औसत से उपन्यास 'फाइव प्वाइंट समथिंग पर '3 इडियट्स' जैसी शानदार फिल्म बना डालते हैं। मगर यह विडम्बना ही है कि जिस दौर में हिन्दी सिनेमा अपने शिल्प में ज्यादा यथार्थ-सजग और सूक्ष्म हो रहा है उस दौर में वह अपने समय की समर्थ हिन्दी कहानियों से कटा हुआ है। चाहें तो इसके लिए कुछ हद तक उस हिन्दी लेखक को भी जिम्मेदार ठहरा सकते हैं जो सामाजिक यथार्थ के अपने घिरे-पिटे खोल में रहकर लिख रहा है और अपनी विधा का ऐसा पुनराविष्कार करने की कोशिश तक भी नहीं कर रहा जिसमें वह फिल्म जैसे महत्त्वपूर्ण और लोकप्रिय माध्यम को कुछ प्रीतिकर और पौष्टिक दे सके।

जश्ने आज़ादी ज़ख़्मे आज़ादी

दिल्ली विश्वविद्यालय के कला संकाय के एक छोटे से कमरे में उपस्थित युवा चेहरों को देखकर मुझे तसल्ली से ज्यादा अंदेशा हुआ। क्या 'चक दे इण्डिया' या 'तारे ज़मीं पर' जैसी चमकदार मुम्बइया फिल्मों के आदी इन लड़कों को संजय काक की करीब सवा दो घण्टे लम्बी डॉक्युमेंटरी अपने साथ रख पायेगी? एक ऐसी डॉक्युमेंटरी, जिसमें अलग से कोई कहानी नहीं है, कोई नायक नहीं है और एक ऐसा पेचीदा यथार्थ है जिसका गड्डमड्ड इतिहास-भूगोल जैसे लगातार बदलता, और हाथ और दिमाग से फिसलता मालूम होता है?

लेकिन 'जश्ने आज़ादी' शुरू हुई तो सारे अंदेशे पीछे छूट गये। उस कमरे की रंगहीन सफेद दीवार पर उभरती तसवीरों और आवाज़ों के कोलाज में दीवार खो गई, कमरा खो गया और कमरे में पर्याप्त उजाले के बावजूद वे चेहरे खो गये जो फिल्म देखनें इकट्ठा थे। धीरे-धीरे खुलता रहा कश्मीर नाम की उस वादी का सच, जिसमें आजादी एक छलने वाला शब्द है। यह एक नुचा-चिंथा कश्मीर है, जहाँ गिरती हुई बर्फ के फाहों के बीच एक पिता कब्रगाह में अपने बेटे की कब्र खोज रहा है- वह एचके, यानी हिज्बुल मुजाहिदीन का कमान्डर था, मारा गया। पिता ईद के दिन आया है, ताकि उसके नाम भी दुआ पढ़ सके। इस कश्मीर में लोग इस तरह मारे गये लोगों की गिनती कर रहे हैं जैसे वे कुछ खोये हुए सामान याद कर रहे हों। इस कश्मीर में एक छोटी-सी लड़की अपने सामने हुई मुठभेड़ का हवाला देते-देते घबरा-सी जा रही है। इस कश्मीर में अपने खोये हुए बच्चे की तस्वीर लेकर घूमते उसके घरवाले हैं। इस कश्मीर में अपने दिलों पर दहशत के निशान लिए जी रही बच्चियाँ ख्वाबों में अपने मर रहे पिता को देखती हैं। इस सबके बीच अमरनाथ यात्रा पर आया हुआ एक साधु कश्मीर की तरफ आँख उठाकर देखने वालों की आँख निकाल लेने की धमकी देता है।

नहीं, यह कोई भावनाओं को उभारने वाली फिल्म नहीं है। संजय काक ने शायद प्रयत्नपूर्वक खुद को इस आसान रास्ते से अलग रखा है। ये सारे दृश्य आपको खोजने पड़ते हैं- यह समझने के लिए कि वह कौन-सी चीज़ है जो इस सपाट लगती फिल्म में आपको फिर भी बेचैन बनाये रखती है, जो आपको भावुक होकर कुछ देर बाद फिल्म को भूल जाने का मौका नहीं देती। इस तलाश में आप जब सूने लाल चौक पर तिरंगा फहराते और जन-गण-मन गाते भारतीय सैनिकों या फिर पूरे जोर-शोर से

आजादी का नारा उछालते हुजूम के पीछे झाँकते हैं तब इन चेहरों पर आपकी नज़र पड़ती है। तब आपको कश्मीर के सन्नाटे या शोर के पीछे की वह कारुणिकता, वह त्रासदी दिखाई पड़ती है जिसमें जले हुए घर हैं, सूखे हुए खून-सी सूख चुकी रुलाइयाँ हैं और ताजा गिरे खून को साफ करने की नाकाम-सी कोशिश है।

संजय काक न ज्यादा दिखाते हैं न ज्यादा बोलते हैं। वे स्थितियों और चरित्रों को बोलने देते हैं। कश्मीर की बेहद दिलकश झील के ऊपर तैरती है एक कवि की आवाज–खोये हुए ज़मानों और ठिकानों को अपने सोज़, अपनी तकलीफ़ के साथ सहेजती आवाज़। इस तकलीफ के आसपास वे फूहड़ सैलानी निगाहें भी हैं जिनके लिए कश्मीर बस एक फिसलती हुई बर्फ या एक खूबसूरत बाग है। इन सैलानियों की चीखती हुई आवाज़ें बताती हैं कि यह कश्मीर तो स्विट्जरलैंड से भी सुन्दर है। सैलानियों के अलावा सैनिक हैं- कहीं अनाथ हुए बच्चों का स्कूल चलाते, कहीं ट्रांजिस्टर बाँटते और ये वादा करते कि और भी अच्छी-अच्छी चीजें आएंगी और सबको मिलेंगी। पूरी फिल्म में कदम-कदम पर अन्तर्विरोधों का यह जाल आपके पाँव रोकता है, कई बार लगता है, अब ये फिल्म खत्म हो।

लेकिन फिल्म खत्म हो जाने के बाद भी खत्म नहीं होती। एक विशुद्ध राजनीतिक फिल्म होते हुए भी इसका राजनीतिक पाठ आसान नहीं है। सिर्फ इतना दिखाई पड़ता है कि सात लाख सैनिकों से भरे इस कश्मीर में अब भी गणतन्त्र दिवस सन्नाटे के साथ मनाना पड़ता है और स्कूली बच्चों के कार्यक्रम में भी सुरक्षा का अभेद्य घेरा खड़ा करना पड़ता है। दूसरी तरफ जब भी सेना द्वारा तथाकथित मुठभेड़ में मारे गये किसी लड़के की मय्यत निकलती है तो जैसे वह कश्मीर की आजादी के लिए निकाले गये जुलूस में तबदील हो जाती है। जाहिर है, भारत की वर्चस्ववादी राजनीति और सैन्य नीति के खिलाफ कश्मीर का गुस्सा सारे दमन के बावजूद कायम है।

हालाँकि फिल्म इतिहास और वर्तमान को लेकर कई सवाल खड़े करती है। संजय काक कश्मीरियों के संघर्ष को पाँच सौ साल की गुलामी से जोड़कर देखते हैं। इसमें एक तरह का अवांछित सरलीकरण चला आता है जिसमें वह विडम्बना आसानी से समझ में नहीं आती जो 1947 के बाद भारत और पाकिस्तान के बीच झूल रहे कश्मीर के समाज और राजनीति में पैदा हुई है। दूसरी बात यह कि जिस कश्मीरियत की बात बार-बार की जाती है, उसे यह फिल्म परिभाषित करने की कोशिश नहीं करती। अगर करती तो यह बात शायद ज्यादा खुलकर आती कि पहचानों की कोई एक परिभाषा नहीं होती, उनकी कई परतें होती हैं और कश्मीरियत भी ऐसी कई परतों से मिलकर बनी चीज है।

बहरहाल, संजय को न सवाल खड़े करने की फिक्र है न जवाब खोजने की जल्दी। न ही कोई कहानी बुनने की कोशिश उनमें दिखती है। वे गड्डमड्ड तारीखों और जगहों के बीच हमें वह कश्मीर दिखाते हैं जहाँ बीस साल में 18,000 से ज्यादा

लोगों ने जान गवांई है, उन कब्रिस्तानों में ले चलते हैं जहाँ लोग नाम और चेहरों से नहीं, नम्बरों से पहचाने जाते हैं। इस पूरी फिल्म में कोई कश्मीरी पंडित नहीं दिखता- और संजय इसे भी कश्मीर के उस खालीपन की तरह पेश करते हैं जिस पर लोगों का ध्यान जाना चाहिए- एक पेंटिंग में खाली छूटी उस जगह की तरह, जो पेंटिंग को फिर भी अर्थ देती है।

शायद इसी तटस्थता के कारण फिल्म न कहीं शुरू होती है, न कहीं खत्म होती है। वह जैसे चलती रहती है- खत्म हो जाने के बाद भी। दिल्ली विश्वविद्यालय के उस कमरे में फिल्म के खत्म होते-होते बैठे हुए लड़कों की तादाद अचानक बढ़ चुकी थी और उनके पास ढेर सारे सवाल थे। कश्मीर का बेहद मुश्किल यथार्थ समझने की कोशिश में पूछे गये सवाल, फिल्म की राजनीति और तटस्थता से जुड़े सवाल। इन सवालों के बीच साफ था कि 'जश्ने आजादी' अपने मक़सद में कामयाब रही है-वह दूर से छूती है और बिना अहसास कराये बहुत भीतर तक उतर जाती है। ये एक बड़ी कामयाबी है।

भोर में छिपी रातों के साये

दिल्ली प्रेस क्लब के बेहद आम-से सभागार में छब्बीस मिनट की एक छोटी-सी फिल्म 'भोर' देखने के लिए आये दर्शकों की संख्या ज्यादा नहीं थी। फिल्म तीन-नौजवानों-देवलीना, अभिषेक राय और आलमगीर-ने मिल कर बनायी है जो जामिया मिलिया से पढ़ाई करके निकले हैं। इसके बावजूद यह फिल्म कई मायनों में उल्लेखनीय हो उठती है। एक तो इसलिए कि फिल्म के केन्द्र में एक असली किरदार है, जिसने कैंसर से दो बार तीखी लड़ाई लड़ी। अनुराधा को कुछ साल पहले मालूम हुआ कि उन्हें स्तन कैंसर है। इसके बाद उन्होंने इस बीमारी के बारे में जानकारियाँ हासिल करनी शुरू की और कीयोथेरेपी से लेकर ऑपरेशन के एक लम्बे सिलसिले के बाद कैंसर को मात दी। लेकिन अपनी बीमारी से मुक्त होकर अनुराधा सन्तुष्ट नहीं बैठ गयीं। अपने इलाज के दौरान उन्हें यह बात भी समझ में आयी कि आवारा और पागल कोशिकाओं के चुपके से जिस्म में पसरने से हो जाने वाली इस बीमारी की वजहें सिर्फ शरीर में नहीं, समाज में भी हैं। अनुराधा ने इसके बाद कैंसर के खिलाफ जागरूकता अभियानों में हिस्सा लिया और समाज के कुछ और मर्जों को पहचाना।

इस कहानी में नया कुछ नहीं है, क्योंकि अनुराधा अपने इस अनुभव पर पहले ही 'इन्द्रधनुष के पीछे-पीछे' नाम से एक पूरी किताब लिख चुकी है। लेकिन इसके बावजूद फिल्म में काफी कुछ नया है। एक तो इसलिए कि अपने पहले अनुभव और उससे मुक्ति के सात-साल बाद अनुराधा को पता चला कि कैंसर ने फिर पलट कर उन पर हमला कर दिया है। बल्कि जिस दौरान कैंसर पर उनकी जीत को लेकर फिल्म बन रही थी, उसी दौरान उन्हें दुबारा कैंसर होने का पता चला। अनुराधा के नये सिरे से वही पुरानी लड़ाई लड़ी। फिर कीमोथेरेपी का सिलसिला, ऑपरेशन और आखिरकार इससे मुक्ति।

लेकिन फिल्म सिर्फ अनुराधा और कैंसर से उनकी लड़ाई पर नहीं है। इस छोटी-सी फिल्म में कई और बातें बड़ी शिद्दत से उभरती हैं। एक तो यह कि कैंसर से लड़ाई व्यक्तिगत नहीं होती, उसमें पूरे परिवार और पूरी टीम को लगना पड़ता है। फिल्म में अनुराधा कहती है, 'इस लड़ाई का मैदान मेरा शरीर भले है, लेकिन इसमें रसद और आयुध जुटाने वाले लोग दूसरे हैं- मेरे आत्मीय परिजन, दोस्त और मेरे डॉक्टर।'

अनुराधा के सन्दर्भ में इस वाक्य का सिर्फ निजी नहीं, सामाजिक अर्थ भी है। पहली बार जब अनुराधा को कैंसर का पता चला तो उनके बेटे की उम्र दो साल थी। दूसरी बार वह बड़ा हो चुका था। लेकिन दोनों मौकों पर इस बेटे ने माँ का साथ दिया। माँ के भीतर यह सिहरा देने वाली आशंका अगर नहीं आयी कि कैंसर से उन्हें कुछ हो गया तो उनके बेटे राजू का क्या होगा तो इसके पीछे अपने परिवार का भरोसा था। अनुराधा के पति और पत्रकार दिलीप मंडल इस भरोसे की बुनियाद थे, जिन्होंने अपनी बीमार पत्नी की लड़ाई में पूरी तरह उनका साथ दिया।

यों अनुराधा खुशकिस्मत हैं कि भारतीय समाज में उन्हें एक ऐसा घर मिला, जहाँ लोग उनके संघर्ष के साथ रहे। वरना खुद अनुराधा को एक ऐसी कैंसर पीड़ित महिला मिली, जिसके पति ने उसे यह कह कर छोड़ दिया कि टूटे हुए खिलौनों से खेलना उसे मंजूर नहीं। यहाँ अनुराधा के कथन का सामाजिक सन्दर्भ उभर कर आता है। स्तन कैंसर वह बीमारी है जिसके इलाज में सिर्फ डॉक्टर की नहीं, समाज की भी जरूरत पड़ती है और अक्सर समाज यह जरूरत पूरी करने से पीछे हट जाता है।

यहाँ यह फिल्म एक स्त्री के कैंसर से आगे जाकर ज्यादा बड़ी बीमारियों पर उँगली रखती है। फिल्म देखते हुए ही यह खयाल आता है कि स्त्री सौन्दर्य का एक बड़ा मानक समझे जाने वाले वक्षों की सुन्दरता बढ़ाने की जितनी भी हिकमतें बाजार ने पैदा की हों, लेकिन अन्ततः शरीर का वह ऐसा उपेक्षित और छिपा हुआ हिस्सा है जिसके साथ सेहत की बुनियादी शर्त भी पूरी नहीं की जाती। अगर स्त्रियाँ बहुत बड़ी संख्या में स्तन कैंसर की शिकार हो रही हैं तो इसकी जिम्मेदारी बहुत हद तक उस मर्दवादी मानसिकता के बीच संस्कारित समाज की भी है जो वक्षों से जुड़ी बीमारियों पर बात करने से भी परहेज करता है। कैंसर के विरुद्ध अपने संघर्ष के दौरान अनुराधा एक मन्दिर परिसर में इस समस्या पर महिलाओं की बैठक के लिए पुजारी से अनुमति माँगती है तो वह यह कहते हुए मना कर देता है कि इस तरह की समस्या पर बात करना किसी को पसन्द नहीं आयेगा।

धीरे-धीरे हम पाते हैं कि 'भोर' नाम की यह छोटी-सी फिल्म सिर्फ एक महिला के कैंसर का नहीं, समाज में छिपे हुए उस कैंसर का सुराग दे रही है जो कई और बीमारियों की जड़ है। फिल्म में बहुत जोर-शोर से यह बात नहीं कही गयी है। दरअसल फिल्म अलग से कुछ कहती भी नहीं। उसमें कोई पटकथा या पार्श्व-स्वर नहीं है। फिल्म बनाने वालों ने सिर्फ अनुराधा को बोलने दिया है—वह अपने अनुभव बताती चलाती हैं—मृदु आवाज में अपनी तकलीफें भी, अपने संकल्प भी। दरअसल दिल्ली के प्रेस क्लब में जो लोग यह फिल्म देख रहे थे, वह फिल्म के दर्शक ही नहीं, किरदार भी थे। उन्होंने अपने सामने अनुराधा का संघर्ष देखा है। एक बेहद डरावनी बीमारी के बावजूद और उस दौरान जिस हौसले से अनुराधा लोगों से गपशप करती रहीं, पिकनिक पर जाती रहीं, अपनी पसंदीदा किताबें पढ़ती रहीं और इन्टरनेट पर

कैंसर से जुड़ी जानकारियाँ जुटाती रहीं, वह तमाम लोगों की स्मृति में ताजा है।

कला के लिहाज से 'भोर' एक मामूली-सी फिल्म जान पड़ सकती है। बेहद सीमित संसाधनों में बनाई गयी एक फिल्म, जिसके तकनीकी पक्ष बहुत सशक्त नहीं हैं। लेकिन इस मामूलीपन में उन कविताओं की मार्मिकता है जो अपने शिल्प में बेहद सादा होती हैं, मगर भीतर तक छू जाती हैं। वैसे कलात्मकता का आग्रह फिल्म में भले न हो, कई कलात्मक दृश्य हैं जो फिल्म की संवेदनशीलता बढ़ाते हैं। अगर फिल्मकारों ने कुछ अतिरिक्त उत्साह दिखाया होता और अनुराधा के संघर्ष को कुछ नाटकीय और भव्य बनाने की कोशिश की होती तो फिल्म शायद इतनी सच्ची नहीं हो पाती। इसी खरेपन से यह मुमकिन हुआ है कि यह फिल्म एक बीमारी के विरुद्ध एक महिला के संघर्ष की कहानी भर नहीं रह जाती, अपनी तरह का एक स्त्री विमर्श बनाती है जिसके सामाजिक पहलुओं से मुठभेड़ की तीखी जरूरत हमें देर तक महसूस होती है।

सफलता का वह सिलसिला

इसमें सन्देह नहीं कि यश चोपड़ा हमारे समय के बहुत बड़े फिल्मकार और निर्देशक थे। कम से कम दो सर्वकालीन महान सितारों, अमिताभ बच्चन और शाह रुख खान के फिल्मी सफर को सँवारने का श्रेय उन्हें दिया जा सकता है। अमिताभ के करिअर में 'दीवार', 'त्रिशूल', 'काला पत्थर', 'कभी-कभी' और 'सिलसिला' जैसी फिल्में नहीं होतीं तो अमिताभ का सफर कुछ कम चमकीला लगता। शाह रुख खान के करिअर से तो अगर यशराज बैनर की फिल्में हटा दी जायें तो वे बिल्कुल मामूली हीरो नज़र आते हैं। उनकी सबसे अच्छी और कामयाब फिल्में, 'दिलवाले दुल्हनिया ले जायेंगे', 'डर', 'दिल तो पागल है', 'मोहब्बतें', 'वीर जारा', 'चक दे इण्डिया', 'रब ने बना दी जोड़ी; यशराज फिल्म्स के बैनर से ही आयी हैं। यह इत्तिफाक नहीं है कि अरसे बाद जब शाह रुख खान की कोई फिल्म रिलीज होने जा रही है तो वह भी यश चोपड़ा के निर्देशन और यशराज फिल्म्स के बैनर तले आ रही है। वैसे इन दोनों के अलावा भी यश चोपड़ा एक के बाद एक हिट और चालू फार्मूले के हिसाब से अच्छी फिल्में देते रहे हैं। साठ के दशक में 'वक्त' और 'धूल का फूल' हो या नब्बे के दशक में 'लम्हे' और 'चाँदनी', यश चोपड़ा का करिश्मा इनमें दिखता है।

लेकिन क्या यश चोपड़ा जितने कामयाब फिल्मकार हैं, उतने ही महान निर्देशक भी हैं? दरअसल एक निर्माता-निर्देशक के तौर पर उनका हाथ वक़्त और कारोबार की नब्ज़ पर बिल्कुल सही-सही हुआ करता था। उन्हें बदलते समय के हिसाब से बदलना आता था। दूसरी बात, उन्होंने कभी अच्छी और रचनात्मक फिल्म बनाने का दावा नहीं किया। वे हमेशा कामयाब और मनोरंजक फिल्में बनाते रहे। बेशक, इसमें 'दीवार' जैसी शानदार फिल्में भी चली आयीं, लेकिन मूलतः वे चालू फार्मूलों पर बनी या फार्मूले बनाने वाली फिल्में ही बनाते रहे। उन्हें मालूम था कि हिन्दी फिल्मोद्योग में या तो बहुत गहरा रोमांस बिकता है या तो खुलकर चलने वाली मारधाड़। उनकी लगभग सारी फिल्में इन दो दायरों में समा जाती हैं। रोमांस और मारधाड़ के बीच कुछ रिश्तों की रुलाइयाँ होती हैं, कुछ वक्त के सितम, कुछ किस्मत का खेल और कुछ कुदरत के नजारे। वे अपनी फिल्मों के गाने रेकार्ड करने के लिए जो लोकेशन चुनते थे, उसका जवाब नहीं हुआ करता था। और बेशक, यह मसाला वे इतने सधे हुए अन्दाज़ में मिलाते कि तीन घण्टे की फिल्म दर्शकों को बिना बोर किये एक

झोके की तरह निकल जाती। यह अनायास नहीं है कि निर्देशक के तौर पर उन्होंने जिस फिल्म को हाथ लगाया, वह हिट नहीं, सुपरहिट रहीं। यही बात निर्माता के रूप में उनके योगदान को लेकर कही जा सकती है। उनके बैनर तले बनने वाली शायद कोई इक्का-दुक्का फिल्म ही फ्लॉप रही हो। जबकि यह वह उद्योग है जहाँ माना जाता है कि किस्मत एक बड़ी भूमिका अदा करती है। अमिताभ बच्चन हों या शाह रुख खान, उनके करिअर में पिटी हुई फिल्मों की एक लम्बी लिस्ट है लेकिन इनमें से कोई भी फिल्म यशराज बैनर के तले नहीं बनी है। जाहिर है, कारोबार की इसी समझ ने संदिग्ध और छुपे हुए साधनों से चलने वाली फिल्मी दुनिया में एक कारपोरेट संस्कृति की नींव डाली जिसमें काफी कुछ एक सलीके के तहत होता है।

फिर भी दुबारा पूछने की तबीयत होती है कि क्या हिन्दी के सबसे कामयाब सितारों के साथ कुछ सबसे कामयाब फिल्में देने वाले यश चोपड़ा ने कोई ऐसी फिल्म भी बनायी है जिसे विश्व सिनेमा की टक्कर का कहा जा सके? कुछ हद तक 'दीवार' एक ऐसी फिल्म है जो हिन्दी की बेहतरीन कारोबारी फिल्मों में से एक नज़र आती है, लेकिन यश चोपड़ा जैसे निर्देशक के पास ऐसी फिल्म नहीं दिखती, जिसे पेश करके भारतीय सिनेमा कुछ अभिमान के साथ कह सके कि यह एक बड़ी फिल्म है। यह हालत तब है जब यशराज फिल्म्स का ध्यान सात समन्दर पार के कारोबार पर भी रहा और बाहर से समृद्ध तकनीक लाने पर भी।

ऐसा क्यों हुआ? इसका कुछ सुराग यशराज़ फिल्म्स की कारोबारी सफलता के बीच खोजा जा सकता है, आखिर इस बैनर के तले बनने वाली सारी फिल्में हिट क्यों होती रहीं? क्योंकि मूलतः कारोबारी प्रेरणा से बनायी जाने वाली इन फिल्मों में कला के प्रयोग या जोखिम आम तौर नहीं होते थे। आमिर खान 'धोबीघाट' जैसी फिल्म बनाने का खतरा मोल ले सकते हैं, लेकिन यशराज को नहीं लेना है क्योंकि उन्हें फिल्म की कला से नहीं, फिल्म के कारोबार से मतलब है। विशाल भारद्वाज 'मकड़ी' और 'ब्लू अम्ब्रेला' से लेकर 'मकबूल' और 'ओंकारा' और 'सात खून माफ' तक बनाने की सोच सकते हैं, लेकिन यशराज फिल्म्स नहीं सोच सकता, क्योंकि उसके लिए सिनेमा का मतलब सिर्फ वह मनोरंजन है, जिसमें बहुत दिमाग खपाना न पड़े, ऐसा सरोकार नहीं जिसमें बुद्धि-विवेक के रचनात्मक विलास की भी गुंजाइश हो।

यह यश चोपड़ा की आलोचना नहीं है। जो काम उन्होंने अपने लिए चुना नहीं, उसकी आलोचना क्यों हो? लेकिन यह हिन्दी फिल्मों की मुख्यधारा की उस प्रवृत्ति की आलोचना है जो हमेशा फार्मूलों के आधार पर फिल्म बनाती रही और सिनेमा को ऐसे सस्ते मनोरंजन में बदलती रही जिसमें पैसा चाहे जितना लगे, विवेक का इस्तेमाल कम से कम दिखे। कभी हिन्दी की बौद्धिकता इसकी प्रखर आलोचना भी किया करती थी, लेकिन दुर्भाग्य से हिन्दी में इन दिनों जैसे-जैसे विचार का ऊसर

बड़ा होता जा रहा है, वैसे-वैसे आलोचना के हथियार भोथरे होते जा रहे हैं। अब जो सफल है, उसके आगे सिर झुकाने का रिवाज है, उसके कारोबार में भी ऊँची कला खोजने का चलन है। इस लिहाज से यश चोपड़ा पूरी तरह कामयाब हैं और महान भी। बेशक, इस टिप्पणी में निहित आलोचना के बावजूद यह तो मानना ही होगा कि वे हिन्दी के सबसे बड़े फिल्मकारों में रहे- कामयाब फिल्में देने वाले भी और कामयाब फिल्में बनाने की संस्कृति और संस्था देने वाले भी।

वह पाँचवाँ दोस्त चला गया

1993 में जब मैं अपने दोस्तों के साथ राँची छोड़कर दिल्ली आया तो पांडव नगर में पहले माले पर बना दो छोटे-छोटे कमरों का एक घर हमारा पहला ठिकाना बना। अपने बहुत कम असबाब के साथ हम चार लड़के- मैं, राजेश प्रियदर्शी, संजय लाल और मंजुल प्रकाश उस घर में एक साथ रहा करते थे। मंजुल प्रकाश अपने साथ अपना टेप रेकॉर्डर भी लाया था जिसने हमें हमारा पाँचवा दोस्त दिया- जगजीत सिंह। उस अजनबी शहर के संघर्ष भरे दिनों में जगजीत सिंह की ग़ज़लों के साथ हमारी सुबहें भी शुरू होतीं और शामें भी ढलतीं। 'तेरा शहर कितना अजीब है, न कोई दोस्त है न रक़ीब है- अक्सर हमें लगता कि जगजीत तो सिर्फ हमारे लिए गा रहे हैं। आम तौर पर बड़ी लापरवाही से अपना सामान रखने वाला मंजुल जगजीत सिंह के कैसेट बहुत संभाल कर रखता था और साहित्य से नाक भौं सिकोड़ने वाला रिश्ता रखने के बावजूद जगजीत सिंह की वजह से मेरे साथ विश्व पुस्तक मेले में जाकर ग़ालिब का दीवान खरीद लाया था।

हालाँकि जगजीत सिंह के गायन से यह मेरा पहला परिचय नहीं था। शायद यह अस्सी का दशक रहा होगा जब पहली बार एक गैरफिल्मी गीत सुनकर मेरे पाँव थम गये थे- 'जिन्दगी जिसे कहते हैं जादू का खिलौना है, मिल जाये तो मिट्टी है, खो जाये तो सोना है।' निदा फ़ाज़ली की निहायत मानीखेज पंक्तियों को एक उतनी ही तल्लीन और गहरी आवाज़ गा रही थी। जिन्दगी की पहेली को समझने की कोशिश में राग और विराग के बीच बना जो सूफ़ियाना अन्दाज होता है, वह इस आवाज़ में जैसे न जाने कितनी रंगतों के साथ खुल रहा था। शायद इसी के आसपास मेरे किशोर दिनों को एक और गीत ने अपने से बाँध लिया- 'ये दौलत भी ले लो, ये शोहरत भी ले लो, भले छीन लो मुझसे मेरी जवानी, मगर मुझको लौटा दो बचपन का सावन, वो कागज़ की कश्ती वो बारिश का पानी।' ये वे दिन थे जब हमारी आवाज़ भारी हो रही थी, चेहरे सख्त हो रहे थे, नयी आती दाढ़ी-मूँछ का नुकीलापन अपनी ही निगाह में चुभता था और किसी कोमलता, किसी मासूमियत के पीछे छूट जाने का अनजाना-सा एहसास एक अनजानी उदासी भरता था। इसके बीच आये इस गीत ने जैसे एक मरहम का काम किया, एक मीठी हूक का, जो तब नहीं मालूम था कि ताउम्र बनी रहेगी और जगजीत सिंह को हमारे लिए ज़रूरी बनाये रखेगी।

इन्हीं दिनों दो फिल्मी गीत भी फ़िज़ाओं में गूँजने लगे—एक तो फिल्म 'प्रेम गीत' का 'होठों से छू लो तुम, मेरा गीत अमर कर दो'। और दूसरा, 'साथ-साथ' का 'ये तेरा घर ये मेरा घर, ये घर बड़ा हसीन है' अब सोचता हूँ कि कई यादगार गीतों से भरी फिल्मी दुनिया के बीच ऐसा क्या था इन दोनों गानों में जिन्हें हम आज तक याद रखते हैं? न उम्र की सीमा हो और न जन्म का बन्धन हो- ऐसी कामना करने वाले गीत तो हमारे यहाँ हजारों में हैं। दरअसल यह जगजीत सिंह की आवाज़ थी जो अचानक शब्दों को एक तरह की वैधता, सुरों को एक तरह की वास्तविकता दे डालती थी। उन्हें सुनते हुए अचानक जैसे पूरा माहौल असली हो उठता था, कामनाएँ प्राप्य मालूम पड़ती थीं और गीत अपने सही अर्थ के साथ खुलता था।

कह सकते हैं कि यह भी कोई अनूठी बात नहीं थी। फिल्मी दुनिया में हमारे पास कई अनूठी और चित्र बनाने वाली आवाज़ें रहीं। कुंदनलाल सहगल, मोहम्मद रफी, मुकेश, किशोर कुमार, हेमन्त कुमार, तलत महमूद, मन्ना डे, महेंद्र कपूर से लेकर लता मंगेशकर, आशा भोसले और कई दूसरे कलाकार तक अपने गायन में स्थितियों को बिल्कुल वास्तविक- दुख को बिल्कुल रोता हुआ, सुख को बिल्कुल हँसता हुआ, उदासी को बिल्कुल डूबा हुआ और उल्लास को बिल्कुल उड़ता हुआ- बना डालते थे। फिर जगजीत सिंह अलग से—और वह भी फिल्मी संगीत की संपन्न दुनिया से बाहर- क्यों इतने बड़े हुए?

दरअसल इस बात को समझने के लिए सत्तर और अस्सी के दशकों के उस दौर को समझना होगा जब हिन्दी फिल्मों का संगीत अपनी जानी-पहचानी कर्णप्रियता को छोड़ एक तरह के शोर और कोलाहल में बदल रहा था। निश्चय ही इसके अपवाद थे लेकिन अचानक फिल्मी गीतों में एक तरह की स्थूलता चली आयी थी—उनमें न संवेदना की गहराई रह गई थी, न स्मृति का विलास। एक तात्कालिक थिरकन और गूँज थी जो बस तब तक रहती थी जब तक गीत चलता रहता था। उन गीतों में थिरकती हुई कायाएँ थी, तड़पती हुई आत्माएँ नहीं थीं।

इस खालीपन के बीच जगजीत सिंह की आवाज आई- उस पुराने सोज को नया रंग देती हुई जो हमसे छूटता जा रहा था। इस आवाज की और भी खासियतें थीं। यह परम्परा से बँधी आवाज थी, लेकिन अपनी मौलिकता का भी निरन्तर सन्धान करती थी। जगजीत सिंह की सफलता का एक पहलू इस तथ्य से भी बनता है कि उन्होंने बड़े करीने से शास्त्रीय और लोकप्रिय को एक साथ साधा। जगजीत सिंह से पहले ग़ज़ल संगीत के जानकार लोगों की महफिल का नूर हुआ करती थी। जगजीत सिंह उसे बिल्कुल लोगों के बीच ले आये। निश्चय ही इसी दौर में पंकज उधास ने भी ग़ज़लें गायीं और वे लोकप्रिय भी हुईं, लेकिन उनमें एक तरह का सपाटपन था जिसकी सीमा बहुत आसानी से समझ में आती रही। जगजीत सिंह का कमाल यही था कि ग़ज़ल को आम लोगों की ज़मीन पर उतारते हुए भी उन्होंने उसकी उड़ान

बनाये रखी। उनकी गायकी का दूसरी सिरा उनके गीतों के चयन से भी जुड़ता था। जगजीत ने बहुत संभाल कर ग़ज़लें चुनीं। ग़ालिब को चुना तो वे शेर छोड़ दिये जो लोगों को सहज ढंग से ग्राह्य नहीं हो पाते। निदा फ़ाजली को भी लिया तो वे शेर लिए जो सीधे दिलों तक उतरते थे।

इत्तिफाक से यह वही दौर था जब भारत का गाँव अपने टोले छोड़कर नये बनते शहरों में नये मुहल्ले बसा रहा था। साठ और सत्तर के बाद शहरीकरण की जो विराट प्रक्रिया शुरू हुई, उसने एक बड़ा नागर मध्यवर्ग बनाया। इसके अलावा रोजगार और नौकरी के दबाव ने बड़े पैमाने पर मध्यवर्ग के नौजवानों को विस्थापित होने को मजबूर किया। अपने गाँव, घर, आँगन छोड़कर आई यह पीढ़ी अपने-आप को एक शून्य में पा रही थी। उसे आर्थिक सुरक्षा हासिल हो रही थी, उसके सामाजिक सम्बन्ध नये सिरे से बन रहे थे, लेकिन उसका छूटा हुआ सांस्कृतिक संसार उसे अकेला और उदास करता था। ऐसे में उसके पास पुराने ट्रांजिस्टर और पुराने फिल्मी गीतों का सहारा था या उन नयी ग़ज़लों का, जो जगजीत सिंह और भारतीय उपमहाद्वीप के मेहदी हसन और गुलाम अली जैसे उनके कुछ समकालीन—उसके लिए गा रहे थे। यह अनायास नहीं था कि अचानक इनकी ग़ज़लें हिन्दी फिल्मों में भी इस्तेमाल की जाने लगी थीं। 'निकाह' में गुलाम अली का 'चुपके-चुपके रात दिन' हो या 'अर्थ' में जगजीत सिंह का 'तुम इतना जो मुस्कुरा रहे हो', अचानक लोगों की जुबान पर चढ़ गये। उदासी, अकेलेपन और अपनी जड़ों से कटने की तकलीफ पर इस दौर की ग़ज़लें जैसे फाहे का काम करने लगीं। जगजीत सिंह छोटे-छोटे कमरों और नये ठिकानों में नयी पहचान खोज रहे लोगों के दोस्त होते चले गये। 'हम तो हैं परदेस में, देश में निकला होगा चाँद' और ऐसे ढेर सारे दूसरे गीत इसलिए भी लोगों के दिलों में उतर गये कि वे उन्हें उनके छूटे हुए घरों, छतों, आँगनों, नीम के पेड़ और बागीचों तक पहुँचाते थे। इसी तरह शहर के अकेलेपन के बीच अपनेपन की राहत या दोस्ती की चाहत या अनजानी-सी मोहब्बत की ढेर सारी बारीक और कोमल अभिव्यक्तियाँ जगजीत की रेशमी आवाज़ में घुलती हुई एक साथ कई पीढ़ियों के अनुभव-संसार को सहलाती रहीं। लगातार बढ़ती स्मृतिशिथिलता के दौर में जगजीत हमारी स्मृति, हमारी संवेदना बचाते रहे।

लेकिन क्या यह सिर्फ नॉस्टैल्जिया था—एक स्मृतिजीवी उछाह- जिसने जगजीत सिंह को इतना लोकप्रिय बनाया? निश्चय ही जगजीत सिंह लगातार अपनी गायकी को नये आयामों से जोड़ते रहे। ग़ज़लों या कुछ फिल्मी गीतों के अलावा उन्होंने निदा फ़ाज़ली के लिखे दोहे भी गाये और उनकी नज़्में भी। अक्सर उनकी गायकी में ज़िन्दगी की कशमकश को उसकी परतों के साथ पहचानना मुमकिन होता था। 'ये ज़िन्दगी जाने कितनी सदियों से यों ही शक्लें बदल रही है', जैसी सादा नज़्म को उन्होंने इतनी गहराई से गाया कि उसे बार-बार सुनने की इच्छा हुआ करती थी।

गुलज़ार के साथ मिलकर उन्होंने कई नये प्रयोग किये। गुलज़ार के बनाये सीरियल 'मिर्ज़ा ग़ालिब' में ग़ालिब की शख्सियत को उसके पूरे फैलाव और उसकी जटिलताओं के साथ जितना नसीरुद्दीन शाह के अभिनय ने पकड़ा, उतना ही जगजीत सिंह की आवाज़ और उनके संगीत ने भी। दरअसल लगातार अपने को मांजने की, कुछ नया देने की, प्रयोग करते रहने की ये जो कोशिश रही वह उन्हें अपने समकालीन गायकों से आगे ले जाती रही।

हालाँकि सफलता सबके पाँवों को अटकाती-भटकाती है और कभी-कभी अतिरिक्त तेजी से कदम उठाने को मजबूर करती है। वक्त बदला, पीढ़ियाँ बदलीं और कुछ जगजीत सिंह भी बदले। उनके बाद के काम में एक तरह की कारोबारी व्यस्तता दिखायी पड़ती है। उनके आखिरी कुछ अलबम कुछ नयी चीज़ों के बावजूद उनकी पुरानी गायकी की छाया भर लगते हैं। उनकी ग़ज़लों में अपने हिस्से की राहत खोजने वाले उनके लाखों मुरीद तब कुछ हैरान और उदास हुए जब उन्होंने अपने अज़ीम गायक को अटल बिहारी वाजपेयी की बेहद सतही गीतनुमा कविताएँ गाते देखा- सिर्फ इसलिए कि वाजपेयी तब देश के प्रधानमन्त्री थे। उन्हें जल्द ही पद्मभूषण के रूप में इसका पुरस्कार भी मिल गया।

हालाँकि वह पद्मभूषण पीछे छूट चुका है, अटल बिहारी वाजपेयी के लिखे हुए गीत कोई नहीं सुनता है और जगजीत अपनी उन्हीं ग़जलों और गीतों के सहारे हमारे बीच जिन्दा हैं जो जिन्दगी की धूप में घने साये का काम करते रहे और जिनसे चार दोस्तों का एक छोटा-सा नया बसेरा सुबह-शाम रोशन हो उठता था। उस कमरे का वह पाँचवाँ दोस्त नहीं रहा, और याद दिलाता गया कि बाकी चार भी वही नहीं रहे जो वे हुआ करते थे। उनके निधन की खबर सुनी तो मुझे अपने पुराने दिन, पुराने दोस्त याद आये और याद आया वही गीत- 'तुम चले जाओगे तो ये सोचेंगे, हमने क्या खोया हमने क्या पाया।'

आनन्द मरा नहीं, आनन्द मरते नहीं

पिछले दिनों सबको आनन्द याद आता रहा—वह मस्तमौला किरदार जो मौत के मुहाने पर खड़ा जिन्दगी का नाटक देख रहा था और बता रहा था कि हम सब रंगमंच की कठपुतलियाँ हैं। राजेश खन्ना के निधन के बाद टीवी चैनलों पर करीब 40 साल पुरानी फिल्म का यह दृश्य बार-बार दुहराया गया।

लेकिन हृषिकेश मुखर्जी की फिल्म में जो मौत एक कविता थी वह टीवी चैनलों तक आते-आते तमाशा बन गयी। राजेश खन्ना को इतनी फड़कती हुई और भड़कीली श्रद्धांजलियाँ मिलीं कि मौत भी शरमा जाये। मौत के बाद जो निस्तब्धता, जो कातरता, जो चुप्पी पैदा होती है, उसकी खबर में जो संयम और मितकथन होना चाहिए, वह कहीं नहीं था। जैसे शोक नहीं, शोक का प्रलाप चल रहा था जिसमें बीच-बीच में पिरोये राजेश खन्ना के पुराने गीत लोगों को अपने नायक की याद दिला जाते थे।

कह सकते हैं, जिस मेलोड्रामा ने राजेश खन्ना को बनाया था, उसके कुछ सतही और फूहड़ संस्करण के साथ उनकी विदाई हुई। 'आनन्द' के आखिरी दृश्य में भी भरपूर मेलोड्रामा था। धीरे-धीरे सरकती हुई मौत इतनी खूबसूरत कविता नहीं होती जितनी आनन्द में बना दी गई थी। लेकिन जीवन और मृत्यु के बीच की पहेली में सात रंग के सपने खोजने वाले हृषिकेश मुखर्जी जानते थे कि भारतीय दर्शक को यही मेलोड्रामा भाएगा- आनन्द से पहले 'अन्दाज' में 'हँसते-गाते जहाँ से गुज़र' गाने वाले राजेश खन्ना को वाकई उसी तरह जाता दिखाकर उन्होंने लोगों को बहुत रुलाया।

अक्सर कहा जाता है कि राजेश खन्ना हिन्दी फिल्मों के पहले सुपरस्टार थे। यह खिताब शायद उन्हें उन दिनों की मशहूर स्तंभकार देवयानी चौबल ने दिया था। लेकिन ऐसे खिताबों से परे अगर राजेश खन्ना की शख्सियत को देखें तो दरअसल उनकी कामयाबी बहुत सारे तत्त्वों से मिलकर बनी थी। उनमें हिन्दी फिल्मों की परम्परा और हिन्दी समाज की सामूहिकता दोनों का समावेश था। पचास और साठ के दशकों में राज कपूर, दिलीप कुमार और देवानन्द की जो त्रिमूर्ति हिन्दी सिनेमा की दिशा तय करती रही, उसने नये बनते भारत का यथार्थ और स्वप्न रचने की कोशिश की। वे आज़ादी के बाद के उजले दिन थे जब हिन्दी फिल्में भी नया दौर बना रही थीं और जिस देश में गंगा बहती है, उसे समझने की कोशिश कर रही थीं।

इन तीनों में एक राजू गाइड था- यानी देवानन्द- गंवई भारत के नये बनते शहरों का वह नायक, जिस पर पहली बार लड़कियाँ उस तरह निसार दिखीं जिस तरह बाद में राजेश खन्ना पर हुईं। लेकिन साठ के दशक के मोहभंग के साथ कहानी भी बदलती है, नायक भी। शम्मी कपूर और राजेन्द्र कुमार इस दौर के नये रोमानी नायक हैं। इसी के फौरन बाद इन दोनों की साझा छाप लिये आते हैं राजेश खन्ना- उनमें देवानन्द जैसी अदाएँ भी हैं, शम्मी कपूर जैसी उछल कूद भी और राजेन्द्र कुमार जैसा शान्त रोमान्स भी। तीन बेहद कामयाब कलाकारों का यह मिक्स राजेश खन्ना को अचानक जैसे उछाल देता है। सिर्फ 2-3 वर्षों के अन्तराल में- 1969 से 1972 के बीच- वे 'आराधना', 'बन्धन', 'दो रास्ते', 'खामोशी', 'सच्चा-झूठा', 'सफर', 'कटी पतंग', 'आनन्द', 'अन्दाज', 'हाथी मेरे साथी', 'अमर प्रेम', 'बावर्ची', 'दुश्मन', 'नमकहराम' जैसी ढेर सारी कामयाब और अच्छी फिल्मों का अम्बार लगा देते हैं। लेकिन क्या यह सिर्फ रोमान्स था, सिर्फ नाच-गाने या कुछ अदाओं का कौशल जिसने राजेश खन्ना को इतना बड़ा बना दिया? ध्यान से देखें तो यह वही दौर है जब भारत अपने-आप को पुनर्व्याख्यायित कर रहा है। राजनीति के मोहभंग नयी समाजवादी सम्भावनाओं का रास्ता टटोल रहे हैं और गाँवों से शहर पहुँची आबादी नये बसते मोहल्लों में अपनी नातेदारी खोज रही है। कहीं इन्साफ का सवाल है, कहीं इंसानियत का, कहीं रिश्तों की उलझनें हैं और कहीं जिन्दगी और मौत की कशमकश। इत्तिफाक से राजेश खन्ना की फिल्मों में यह समाज बहुत मुखर है। इस समाज में खड़े राजेश खन्ना बहुत बड़े नहीं, बहुत अपने लगते हैं। वे महानायक नहीं हैं जो हर मुश्किल को अपनी चुटकियों, अपने सम्वादों से हल कर दें। वे एक मासूम से नायक हैं जिसका इन्साफ और इंसानियत पर भरोसा कायम है। यही चीज़ है जो राजेन्द्र खन्ना को इस दौर का—या किसी के शब्दों में हिन्दी सिनेमा का पहला- सुपरस्टार बनाती है।

हालाँकि यह भी एक मेलोड्रामा था जिसे बिखर जाना था। यह त्रासदी नायक के साथ भी घटित हुई सिनेमा के साथ भी। सिर्फ चन्द वर्षों में हासिल शोहरत ने राजेश खन्ना को शिखर पर ही नहीं पहुँचाया, शायद कुछ बदल भी डाला। आने वाले दिनों में जिन्दगी ने उनसे कई सख्त इम्तिहान लिये। बाद में दौर में उनकी फिल्में नाकाम होती दिखीं। क्योंकि शायद वह मासूमियत जा चुकी थी- जमाने से भी और हमारे नायक के चेहरे से भी। अब उसकी पुरानी अदाएँ उसकी ही थकी हुई नकल लगती थीं। बाद के दौर में राजेश खन्ना ने वापसी की कई कोशिशें कीं, लेकिन अन्ततः नाकाम रहे।

कायदे से देखें तो राजेश खन्ना हिन्दी फिल्मों के आखिरी मासूम नायक थे। उसके बाद का हीरो बदल गया। उसकी आँखों में गुस्सा चला आया, उस जमाने से नफरत चली आई जिसने उसके साथ नाइंसाफी की। वह अपने दम पर अपनी

दुनिया बदलता रहा और सबके दिल जीतता रहा। इस महानायक के आने के बाद राजेश खन्ना जैसे हमेशा-हमेशा के लिए पीछे छूट गये।

लेकिन उनकी पुरानी फिल्में बची रहीं। 40 साल बाद, अचानक उनके देहान्त ने सबको अपने छूटे हुए नायक की याद दिलायी। हालाँकि अभिनेता के तौर पर राजेश खन्न ने जो जिया, जो किया, जो गाया, वह दूसरों की लिखी कहानी थी, दूसरों का दिया निर्देशन था, दूसरों के रचे गीत थे, लेकिन इन सबको इतनी विश्वसनीयता दिलाने वाला, उसे जमाने की कहानी में बदल डालने वाला चेहरा तो हमारे नायक का ही था। वे उस भारत के प्रतिनिधि और प्रतीक नायक थे जिसका परिवार बचा हुआ था या जिसमें परिवार का एहसास बचा हुआ था।

वह दुर्लभ शोखी

आम तौर पर हिन्दी फिल्मों में महिला गायन की स्मृति इस हद तक लता मंगेशकर और आशा भोसले पर आश्रित रही है कि बाकी सारी आवाजें जैसे नेपथ्य में चली जाती हैं। हिन्दी फिल्मों के सारे पुराने गाने या तो लता मंगेशकर के गाये मान लिए जाते हैं या फिर आशा भोसले के। सुमन कल्याणपुरे से लेकर हेमलता और वाणी जयराम तक की आवाजों को लोग लता मंगेशकर के खाते में डालते रहे। यही नहीं, जो आवाजें बड़ी आसानी से लता और आशा से अलग पहचानी जा सकती थीं, उन पर भी कई बार इन दोनों कलाकारों की कीर्ति का परदा पड़ा रहा। शमशाद बेगम और गीता दत्त जैसी निहायत अलग और निजी पहचान वाली आवाज़ों को भी इसका ख़मियाजा भुगतना पड़ा।

शायद इसी का नतीजा है कि ढेर सारे कर्णप्रिय और लोकप्रिय गीत गाने के बावजूद शमशाद बेगम का नाम बहुत सारे लोगों को अपरिचित या बहुत पुराना जान पड़ता है। 23 अप्रैल को उनके निधन के बाद जब लोगों ने 'सीआइडी' से लेकर 'आरपार' और 'किस्मत' तक के खनकते-खिलखिलाते गीत सुने, तब उन्हें याद आया कि इस आवाज़ की खुशबू और खनक अपना अलग संसार रचती-बसाती है, उसे लता मंगेशकर और आशा भोसले की गायकी से काफी अलग खड़ा करती है।

कायदे से देखें तो शमशाद बेगम एक पुराने पुल का नाम है—नूरजहाँ और लता मंगेशकर के बीच की वह कड़ी, जहाँ खनक और माधुर्य के बीच, इठलाने और मनुहार के बीच, एक बारीक रेखा होती है। यह उदात्त धीर-गम्भीर, उदासी के आँगन में टहलती हुई, विरह के बीत गाती हुई, चाँद को पुकारती हुई, आत्मलीन नायिका की आवाज़ नहीं है, वह पूरे माहौल को जिन्दा कर देने वाली एक धड़कती-फड़कती आवाज है—उस अल्हड़, ग्रामगंधी बाला की आवाज, जो अपनी तुर्श-तिरछी कमनीयता में निमन्त्रण भी देती थी और चुनौती भी। 'बूझ मेरा क्या नाम रे' या 'गाड़ी वाले गाड़ी धीरे हाँक रे' जैसे गीतों में शमशाद बेगम की आवाज़ में जैसे पूरा गाँव बसा दिखाई पड़ता है, पूरी पगडंडी खुलती नज़र आती है।

गायकी के जानकार बताएँगे कि शमशाद बेगम की तरह खुले गले से गाने वाली गायिकाएँ कम हुईं। कहते हैं, उन्होंने बहुत छुटपन से गाना शुरू कर दिया था और उन्हें माइक की ऊँचाई तक पहुँचाने के लिए किसी सहारे की जरूरत पड़ती

थी। लेकिन माइक के सामने आ जाने के बाद वे दूर से भी गाती थीं तो आवाज जैसे सप्तकों के पार जाकर सीधे अपने लक्ष्य तक पहुँचती थी।

कई मायनों में यह बराबरी और आजादी की माँग करती आवाज़ थी- ऐसी आवाज़ जो समर्पित नायिकाओं नहीं, विद्रोही प्रतिनायिकाओं को माकूल पड़ती है। वह नायक पर रीझी हुई, उसे मनाती हुई, उसमें डूबी हुई आवाज़ नहीं थी, उसके बिल्कुल बराबरी पर खड़ी, उससे मोहब्बत का इसरार करती, उसे छेड़ती आवाज़ थी। वह एक तरह से नायिका को भी अपने खोल से बाहर आने को मजबूर करती आवाज़ थी।

फिल्म 'मुगले आजम' की मशहूर कव्वाली 'तेरी महफिल में किस्मत आजमा कर हम भी देखेंगे' में वह अनारकली के मुकाबले कहीं ज्यादा महत्त्वाकांक्षी और स्वतन्त्र बहार की आवाज़ है जो सलीम को मोहब्बत की चुनौती देती है।

इस आवाज का सबसे शोख और अल्हड़ रंग खुलता है फिल्म 'किस्मत' के गीत 'कजरा मोहब्बत वाला' में, जिसमें आशा भोसले और शमशाद बेगम की जुगलबन्दी जैसे दुनिया जीत लेती है।

यह सच है कि फिल्मी गायकी के उस सुनहरे दौर ने हमें ढेर सारी नायाब आवाजें दीं। लेकिन इसमें सन्देह नहीं कि उस गायकी के वसन्तकाल में सबसे खिले हुए फूल का नाम शमशाद बेगम था। जिस गायकी की धूप बाद में लता और आशा की आवाज़ में अपनी पूरी चमचमाहट के साथ हर तरफ खिलती दिखी, उसका उषा काल शमशाद बेगम की आवाज में बसता है।

एक दौर ऐसा भी रहा कि शमशाद बेगम की आवाज जिसे छू देती थी वह सोना हो जाता था। कहते हैं, साहिर लुधियानवी और मजरूह सुल्तानपुरी के पहले कामयाब गीत शमशाद बेगम ने ही गाए। राज कपूर ने जब पहली फिल्म 'आग' बनाई तो शमशाद बेगम की आवाज़ का इस्तेमाल किया।

साठ के दशक के बाद शहशाद बेगम ने अचानक जैसे गाना छोड़ दिया। उनके बहुत करीबी लोगों को ही ये अन्दाजा होगा कि उन्होंने ऐसा क्यों किया। यह बात कुछ इसलिए हैरान करती है कि उनका शुरू करना उनके छोड़ने से ज्यादा मुश्किल था। वे एक पाबंदियों वाले परिवार से आई थीं जहाँ पिता को बेटी का खुले में गाना नागवार गुजरता था। तब उन्होंने सबको मना और समझा लिया, अपने लिए एक सरहद भी खींच ली कि सिर्फ गीत गाएंगी, सामने नहीं आएँगी। लेकिन जब वे अपने शोहरत के चरम पर थीं तभी अचानक जैसे वे मंच से उठकर नेपथ्य में चली गयीं। अब यह बताने वाला कोई नहीं बचा है कि उनकी जिन्दगी में कौन-सा ऐसा साज़ सहसा टूट गया था कि उन्होंने यह फैसला किया।

बहरहाल, उनके गीत कभी पुराने नहीं पड़े। उनकी आवाज में पुरानी मिट्टी की खुशबू, पुराने घरों का सोंधापन बोलता था। उनकी गायकी के हुलास में पनघटों

की खिलखिलाहट और त्योहारों के रंग थे। इस छूटते हुए संसार की बहुत मार्मिक निशानियाँ उनके गीतों में मिलती हैं। लेकिन शमशाद बेगम की आवाज़ में इस स्मृतिजीविता से भी बड़ी एक चीज़ है- एक दुर्लभ शोखी जो खुलेपन का अपना ही भाष्य रचती है।

यह अनायास नहीं है कि जिस दौर में गीतों में दैहिकता का ताप बढ़ रहा है, मांसलता के सौन्दर्य को बहुत सपाट और भौंडी प्रदर्शनप्रियता से विस्थापित किया जा रहा है, तब शमशाद बेगम के उन गीतों के रीमिक्स बन रहे हैं जिनकी दुर्लभ शोखी में तन से ज्यादा मन विहंसता दिखता है। शमशाद बेगम का जाना और उनका गाना दोनों याद दिला रहे हैं कि हमारे संगीत में शोर और सतहीपन दोनों बढ़े हैं, पाँव रोक लेने वाली और मन को बाँध सकने वाली धुनें और आवाजें अब नहीं बची हैं।

दारा जो कभी न हारा

दारा सिंह का मैं कभी मुरीद नहीं रहा। बचपन में मैं सुनील गावसकर का फैन हुआ करता था। ये सत्तर और अस्सी के वे दशक थे जिनमें पहली बार क्रिकेट दूसरे खेलों को पीछे छोड़कर अपनी एक बड़ी जगह बना रहा था—बेशक, अपनी कामयाबियों की वजह से, नये इलाकों में अपने फैलाव के चलते और सुनील गावसकर के बाद कपिलदेव से लेकर सचिन तेंदुलकर तक की उस चमकती हुई परम्परा के कारण, जिसने भारतीय क्रिकेट को एक अलग मुकाम दिया। इत्तिफाक से यही वे वर्ष थे जब भारत के गाँव पीछे खिसकते जा रहे थे और शहर बड़े होते जा रहे थे। नब्बे के दशक में शुरू हुए उदारीकरण ने अचानक इन शहरों की शक्ल कुछ और बदलनी शुरू की, गाँवों को कुछ और पीछे धकेलना शुरू किया। इक्कीसवीं सदी तो जैसे बिल्कुल अपनी नगर-योजना और अपना नागरिक एजेंडा लेकर आई, जिसमें नगर महानगर हो गये, घर अपार्टमेंट हो गये, मुहल्ले सेक्टर हो गये और हाट-बाजार मॉल में बदल गये। यह बाजारवाद आज भी स्थानीयता की अलग-अलग खुशबुओं को अपदस्थ कर एक वैश्विक पहचान स्थापित करने में लगा हुआ है जिसके कई आयाम हैं। एक आयाम खेलों की उस दुनिया में दिखता है जिसमें क्रिकेट मेरी तरह के शहरी मध्यवर्ग का शौक, शगल या जुनून भर नहीं रहा, वह बाजार का उपकरण हो गया है जिसका मकसद एक ऐसा इकहरा राष्ट्रीय जुनून पैदा करना है जिसकी मदद से पेप्सी-'कोक से लेकर पजेरो-क्वैलिस तक बेचे जा सकें।

यह लम्बी भूमिका बस यह याद दिलाने के लिए लिखी कि इस पूरे परिदृश्य में वह भारतीय भदेस गाँव जैसे भूगोल, इतिहास, स्मृति सबकुछ से बेदखल होता जा रहा है जो दारा सिंह को अपना नायक बनाता था। ओलंम्पिक में सुशील कुमार या विजेंदर जैसे भारतीय पहलवानों की शानदार कामयाबी के बावजूद कुश्ती या पहलवानी वह खेल नहीं है जिसे तथाकथत संभ्रांत घरों के उच्च मध्यवर्गीय लड़के अपनाएँ- वे क्रिकेट के अलावा ज्यादा से ज्यादा टेनिस या फिर शूटिंग जैसे खेलों में दिलचस्पी ले सकते हैं, जहाँ एक करिअर ऑप्शन फिर भी उनकी नजर में बनता है। यहाँ आकर हम पाते हैं कि दरअसल दारा सिंह का जाना उस भारतीय गाँव के आखिरी नायक का जाना है जो खुद भी दम तोड़ रहा है। यह गाँव अगर बचा है तो कुछ भूपतियों की सामन्ती ऐंठ में बचा है, कुछ बहुत कमज़ोर लोगों की मजबूरी में,

कुछ अपने से लगे शहरों की फूहड़ नकल में और बाकी उन लाखों-करोड़ों विस्थापित जनों की स्मृति में, जो महानगर के दैनिक जुए में जुते हुए इस पूरी व्यवस्था को अपने छिले हुए कन्धों पर खींच रहे हैं। यह एक नया भारत है जो पुराने भारत को जैसे नेस्तनाबूद करने पर तुला है।

जबकि वह पुराना भारत कितना मजबूत था, उसके न दिखने वाले धागे कितनी दूर तक पसरे थे-यह दारा सिंह की लोकप्रियता बताती है। वे अपने जीवनकाल में किंवदंती और मुहावरे में बदल चुके थे। दारा सिंह होने, दारा सिंह बनने या दारा सिंह को ले आने का मतलब किसी को समझाने की जरूरत नहीं थी। ऐसी अपार शोहरत और पहचान हिन्दी फिल्मों के कुछ सितारों के नसीब में आई हो तो आई हो, लेकिन किसी दूसरे खिलाड़ी को अब तक नहीं मिली। इन दिनों बाजार द्वारा रोज़ भगवान बताए जा रहे सचित तेंदुलकर भी दारा सिंह जैसी वह पहचान हासिल नहीं कर सके हैं जो उन्हें किसी मुहावरे में बदल दे। और यह सब दारा सिंह ने किस दौर में हासिल किया? जब टी.वी. नहीं था, जब विज्ञापनों की यह चमकती दुनिया नहीं थी, जब बाजार का यह कद्दावर और कानून से भी लम्बा हाथ नहीं था, तब दारा सिंह को उनका गंवई और कस्बाई समाज अपने सिर पर लिए घूमता रहा, उनके पोस्टर लगाता रहा, तमाम अखाड़ों में उतारता रहा, लाउड स्पीकरों पर उनका प्रचार करता रहा और उनकी किवदंतियाँ बनाता रहा। निस्संदेह दारा सिंह की इस लोकप्रियता में कुछ हाथ पेशेवर कुश्ती के उस माहौल का भी रहा होगा जिसमें मिली-जुली कुश्तियाँ भी लड़ी जाती थीं, और कुश्ती लड़ाने वाले नकली दारा सिंह बनाम असली दारा सिंह का, या फिर दारा सिंह बनाम किंगकांग या दारा सिंह बनाम मैन माउंटेनजैक का तूमार बाँधा करते थे। लेकिन दरअसल इन सबका वास्ता उस भोले भारत के हौसले और अभिमान से भी था जिसे लगता था कि उसकी ताकत को दुनिया में कोई चुनौती नहीं दे सकता। दारा सिंह की इस लोकप्रियता को देखते हुए ही हिन्दी फिल्मों ने उन्हें अपने बीच जगह दी और जब रामायण जैसे धारावाहिक के लिए अपराजेय हनुमान जैसा चरित्र खोज़ने की नौबत आई तो रामानन्द सागर को दारा सिंह ही दिखे। यह हिन्दुस्तान की वास्तविक् जनता के दिलों में बैठा रुस्तमे हिन्द, रुस्तमे जमाँ दारा सिंह था जिसको किसी और मुहर की, किसी और मेडल की, किसी और सर्टीफिकेट की जरूरत नहीं थी।

लेकिन मेरे लिए कह पाना मुश्किल है कि आज दारा सिंह होते तो उनको वही शोहरत और इज्जत नसीब होती जो उस दौर में हुई। कई बार यह लगता है कि आज हम पहले से कहीं ज्यादा परमुखकातर हैं। अपनी श्रेष्ठता पर, अपने सामर्थ्य पर हमको तब भरोसा होता है जब बाहर वाला हमारी पीठ थपथपाता है। हमें फिल्मों के लिए कांस के सर्टीफिकेट और ऑस्कर अवार्ड चाहिए, खेलों के लिए ओलंपिक

मेडल चाहिए, साहित्य के लिए बुकर चाहिए और प्रधानमन्त्री पद की दावेदारी या सफलता-असफलता का पैमाना मापने के लिए 'द टाइम' चाहिए। मुश्किल यह है कि ऐसी जगहों पर पहुँचने की अपनी पात्रता होती है जो कुछ उनके जैसा ढलने से भी हासिल होती है। दारा सिंह बहुत सारी भूमिकाओं में ढले, लेकिन अन्ततः वही भारतीय पहलवान बने रहे जिसने किंगकांग को खूनी पंजा दांव लगाकर चित्त किया था। वे एक दौर के ग्रामगन्धी, कस्बाई भारत के अभिमान और आत्मगौरव की निशानी थे–उस भारत के आखिरी नायक, जिनका जाना याद दिलाता है कि इस बीच हमने न जाने कितने नायक खो दिए, उनसे लिपटी कितनी किंवदंतियाँ खो दीं और कितना आत्मगौरव खो दिया है।

□□